Kohlhammer

Die Autorinnen

Beatrice Jost, M. Sc. Psych., geboren 1991, arbeitet in einer Gemeinschaftspraxis als Verhaltenstherapeutin. Sie hat in Jena und Freiburg studiert und die Ausbildung zur psychologischen Psychotherapeutin in Dresden absolviert. Parallel engagiert sie sich bei den Psychologists/Psychotherapists for Future, einer Initiative von Psycholog:innen und Psychotherapeut:innen, die die Klimabewegung unterstützt und psychologisches Fachwissen zur Förderung einer nachhaltigen Zukunft einbringt.

Christine R. Steinmetz, M. Sc. Psych., Jahrgang 1988, studierte Psychologie in Gießen, Nancy (Frankreich) und Boston (USA). Sie arbeitet in der ambulanten Versorgung als Psychologische Psychotherapeutin (VT). Seit 2020 engagiert sie sich bei den Psychologists/Psychotherapists for Future und hält in diesem Zusammenhang Vorträge u. a. vor Berufsverbänden und leitet Workshops an. Außerdem ist sie im Bereich der Öffentlichkeitsarbeit für den Verein aktiv. Beatrice Jost und sie bieten Seminare und Workshops zum Thema Klimaresilienz an.

Beatrice Jost
Christine R. Steinmetz

Psychotherapie in der Klimakrise

Gefühle anerkennen, regulieren und
Klimaresilienz fördern

Verlag W. Kohlhammer

Dieses Werk einschließlich aller seiner Teile ist urheberrechtlich geschützt. Jede Verwendung außerhalb der engen Grenzen des Urheberrechts ist ohne Zustimmung des Verlags unzulässig und strafbar. Das gilt insbesondere für Vervielfältigungen, Übersetzungen, Mikroverfilmungen und für die Einspeicherung und Verarbeitung in elektronischen Systemen.

Pharmakologische Daten, d. h. u. a. Angaben von Medikamenten, ihren Dosierungen und Applikationen, verändern sich fortlaufend durch klinische Erfahrung, pharmakologische Forschung und Änderung von Produktionsverfahren. Verlag und Autoren haben große Sorgfalt darauf gelegt, dass alle in diesem Buch gemachten Angaben dem derzeitigen Wissensstand entsprechen. Da jedoch die Medizin als Wissenschaft ständig im Fluss ist, da menschliche Irrtümer und Druckfehler nie völlig auszuschließen sind, können Verlag und Autoren hierfür jedoch keine Gewähr und Haftung übernehmen. Jeder Benutzer ist daher dringend angehalten, die gemachten Angaben, insbesondere in Hinsicht auf Arzneimittelnamen, enthaltene Wirkstoffe, spezifische Anwendungsbereiche und Dosierungen anhand des Medikamentenbeipackzettels und der entsprechenden Fachinformationen zu überprüfen und in eigener Verantwortung im Bereich der Patientenversorgung zu handeln. Aufgrund der Auswahl häufig angewendeter Arzneimittel besteht kein Anspruch auf Vollständigkeit.

Die Wiedergabe von Warenbezeichnungen, Handelsnamen und sonstigen Kennzeichen in diesem Buch berechtigt nicht zu der Annahme, dass diese von jedermann frei benutzt werden dürfen. Vielmehr kann es sich auch dann um eingetragene Warenzeichen oder sonstige geschützte Kennzeichen handeln, wenn sie nicht eigens als solche gekennzeichnet sind.

Es konnten nicht alle Rechtsinhaber von Abbildungen ermittelt werden. Sollte dem Verlag gegenüber der Nachweis der Rechtsinhaberschaft geführt werden, wird das branchenübliche Honorar nachträglich gezahlt.

Dieses Werk enthält Hinweise/Links zu externen Websites Dritter, auf deren Inhalt der Verlag keinen Einfluss hat und die der Haftung der jeweiligen Seitenanbieter oder -betreiber unterliegen. Zum Zeitpunkt der Verlinkung wurden die externen Websites auf mögliche Rechtsverstöße überprüft und dabei keine Rechtsverletzung festgestellt. Ohne konkrete Hinweise auf eine solche Rechtsverletzung ist eine permanente inhaltliche Kontrolle der verlinkten Seiten nicht zumutbar. Sollten jedoch Rechtsverletzungen bekannt werden, werden die betroffenen externen Links soweit möglich unverzüglich entfernt.

Illustrationen: Jai Wanigesinghe

1. Auflage 2024

Alle Rechte vorbehalten
© W. Kohlhammer GmbH, Stuttgart
Gesamtherstellung: W. Kohlhammer GmbH, Stuttgart

Print:
ISBN 978-3-17-043241-3

E-Book-Formate:
pdf: ISBN 978-3-17-043242-0
epub: ISBN 978-3-17-043243-7

Danksagung

Die Fallstudien dieses Buches basieren auf realen Menschen, bei denen wir uns dafür bedanken möchten, dass sie ihre Geschichten und Erfahrungen zur Verfügung gestellt haben. Durch ihre Bereitschaft, sich mit ihren Klimagefühlen zu zeigen und sich darauf einzulassen, gewinnt dieses Buch an Tiefe und Lebendigkeit. Wir bedanken uns ebenso bei allen Menschen, die sich im Klimaschutz für unsere gemeinsame Zukunft engagieren und dafür aktiv werden.

Auch möchten wir uns bei Psychologists/Psychotherapists for Future bedanken. Erst durch den Verein haben wir beide begonnen, uns systematisch zu engagieren und festgestellt, wie viele Möglichkeiten wir haben, mit unserem Fachwissen einen Beitrag zu leisten. Wir sind den Gründungsmitgliedern für ihre Initiative, die Gruppe zu gründen, dankbar, ebenso schätzen wir die aktuelle Arbeit aller Mitglieder, die sie neben ihrer regulären Arbeit und ihrem privaten Alltag einbringen. Wir bedanken uns für das gesammelte Wissen und den wertvollen Austausch, sowie für die immer wohlwollende und anregende Atmosphäre unserer wunderbaren Regionalgruppe.

Danken möchten wir zudem Maja Dshemuchadse, Anna Georgi, Delaram Habibi-Kohlen, David Hiss und Constance Nennewitz für die Expert:inneninterviews, die unsere verhaltenstherapeutisch geprägte Sicht nicht nur im Buch um systemische, psychoanalytische und existenzielle Perspektiven erweitert haben.

Außerdem möchten wir unseren Korrekturlesenden danken: David Hiss, Claus Kulke und Beate Steinmetz. Vielen Dank für die Anmerkungen, die Kritik und die Hinweise, ebenso wie für das aufbauende Lob.

Besonders danken möchten wir auch Jai Wanigesinghe, für die wunderbaren und bereichernden Cartoons und seine gesamte Illustrationsarbeit, die er großzügig zur Verfügung stellt. Er schafft es damit, etwas Leichtigkeit und Humor in dieses ansonsten eher schwere Thema zu bringen.

Nicht zuletzt gilt unser Dank unseren Freundinnen, Partnern und Familien, für die bedingungslose Unterstützung, auch in stressigen Zeiten. Danke, dass ihr uns ermutigt, uns zugehört und für ausgleichende Regeneration gesorgt habt.

Vorwort

Als wir begonnen haben, unsere psychotherapeutische Kompetenz in Bezug auf die Klimakrise in Form von Vorträgen und Workshops anzubieten, haben wir sehr verschiedene Rückmeldungen hierzu erhalten. Menschen sagten uns, das sei nicht behandlungsrelevant und die Beschäftigung mit der Krise sei nur »ein vorübergehender Trend«. Gleichzeitig haben sowohl einzelne Personen wie auch Verbände und Vereine eine große Dankbarkeit ausgedrückt, dass wir uns dieses wichtigen Themas annehmen, weil jede und jeder davon in irgendeiner Form belastet sei. Auch bekommen wir über das Ehrenamt immer wieder mit, dass Aktivistinnen händeringend nach Therapeutinnen suchen, die die Belastungen in der Klimakrise verstehen und bei denen sie sich ernstgenommen fühlen. Sie berichten davon, dass ihre Probleme abgetan werden und fühlen sich in der Behandlung missverstanden und belächelt.

Für diese Gruppen von Menschen haben wir dieses Buch geschrieben. Manchmal würden auch wir gerne glauben, dass das nur eine vorübergehende Krise ist und wir mit unserem Engagement übertreiben. Und falls die Beschäftigung mit der Klima-Thematik und speziell dieses Buch sich dann doch als überflüssig erweisen sollte, dann wären wir tatsächlich über die Maßen erleichtert, hieße dies doch, dass die Perspektive der nächsten Jahre eben doch nicht so beängstigend ist. Nur leider spricht derzeit ein überwältigender Konsens wissenschaftlicher Fakten diametral dagegen.

Uns ist es wichtig deutlich herauszustellen, dass die Klimakrise nur kollektiv bewältigt werden kann und Klimagefühle nichts sind, was wir »wegtherapieren« sollten. Auch ist es wesentlich zu betonen, dass Psychotherapie nicht zwingenderweise bei der Bewältigung der Krise und beim Aufbau resilienter Strukturen notwendig ist. Wir beziehen uns deswegen im Verlauf des Buches immer wieder auch auf die gesamtgesellschaftliche Ebene. Da sich kollektive Transformationen aus vielen individuellen Handlungen und Veränderungen zusammensetzen, nutzen wir die Stellschraube, die uns in der Psychotherapie möglich ist: an individuell problematischen Verhaltens- und Denkmustern zu arbeiten und diese zu verändern, hier konkret im Umgang mit der Klimakrise. Die dysfunktionalen Muster, die uns bei der Arbeit mit den Klimagefühlen begegnen, sind oft auch wirksam in anderen Lebensbereichen, der Fokus dieses Buches liegt jedoch auf der Förderung der Funktionalität bezüglich der Klimakrise. Dabei ist die Reduktion des Leidensdrucks kein reiner Selbstzweck, sondern dient immer dem Ziel, Menschen zum Handeln zu ermächtigen.

Falls Sie sich im Verlauf der ersten Kapitel mit den vorgestellten Fakten überfordert fühlen und einen Wunsch zur inneren oder äußeren Vermeidung verspüren sollten, dann nehmen Sie das ruhig freundlich wahr und machen eine Pause oder springen zu einem anderen Kapitel, zum Beispiel zur Klimaresilienz. Sie können danach, wenn Sie sich besser gewappnet fühlen, wieder zurückkehren. Wenn Sie achtsam und wohlwollend mit Ihrem Wunsch nach Vermeidung umgehen und diesen bewusst wahrnehmen, können Sie ihm viel besser begegnen und hinterfragen, ob er der beste Weg ist. Auch haben wir regelmäßig sogenannte Selbsterfahrungsfragen eingebaut, um eine persönliche und emotionale Auseinandersetzung mit der Thematik zu unterstützen.

Auch wir kennen den Wunsch, sich nicht mehr mit der Thematik auseinanderzusetzen, wenn die Bedrohung allzu real wird. Unser resilienter Umgang damit war, dieses Buch zu schreiben. Das ist unsere Art und Weise mit unseren Fähigkeiten ins Handeln zu kommen. Das hat uns persönlich geholfen, weniger Hilflosigkeit und Ohnmacht zu erleben und das Gefühl zu haben, wenn auch nur im Kleinen, zu einer lebenswerten Zukunft beizutragen. Insgesamt hat das die klimabezogene Gefühlslage erträglicher gemacht, selbst wenn wir uns mehr als jemals zuvor mit der Klimakrise auseinandersetzen mussten.

Die Fallbeispiele sind selbstverständlich alle anonymisiert, die relevanten Angaben geändert. Ähnlichkeiten zu lebenden Personen sind dementsprechend zufällig.

Wir verwenden den Begriff »Klimagefühle« (sowie Klimaangst, Klimawut etc.) um Gefühle zu beschreiben, die sich explizit auf die Klimakrise beziehen. Das Vorwort »Klima« bedeutet jedoch nicht, dass die Gefühle in ihrer Qualität anders sind als Gefühle in anderen Kontexten. Auch suggeriert »Klima« eventuell fälschlicherweise, dass die Gefühle sich nur auf klimatische Veränderungen beziehen, obwohl viele verschiedene ökologische Krisen die Bedrohung ausmachen. Wir nutzen diese Wörter jedoch weiterhin im Buch, um den Bezugsrahmen mitzuliefern, ohne allzu viele Wörter gebrauchen zu müssen. Korrekter wäre sicherlich der Terminus »Angst im Zusammenhang mit den ökologischen Krisen« (Dohm, Chmielewski, Peter & Schulze, 2023).

Zum Thema Gendern möchten wir gerne noch anmerken: Wir haben uns entschieden, in unserem Buch das generische Femininum zu verwenden, bis auf wenige inhaltlich begründete Ausnahmen, in denen wir den Doppelpunkt nutzen. Dieser Entscheidung liegt zugrunde, dass sowohl überwiegend Frauen als Psychotherapeutinnen arbeiten, als auch dass Frauen von der Klimakrise emotional mehr betroffen sind (Searle & Gow, 2010). Auch eine gute Lesbarkeit des Buches war für uns ein relevanter Faktor. Eine konsequente Nutzung aller Geschlechter führte aus unserer Sicht zu einer Beeinträchtigung des Leseflusses. Eine optimale Lösung für das Problem der geschlechtergerechten Sprache zu finden, bei gleichzeitiger Beibehaltung des flüssigen Lesens, ist uns bisher leider noch nicht gelungen.

Inhalt

Danksagung **5**

Vorwort **7**

I   Theoretische Hintergründe

1   Die Klimakrise und unser psychotherapeutischer Arbeitsauftrag **15**

2   Psychologische Faktoren in der Bewertung der Klimakrise ... **20**
    2.1   Die systematische Unterschätzung der Bedrohung 20
    2.2   Emotionale Reaktionen auf die wahrgenommene Bedrohung der Klimakrise 23
            Exkurs: Abwehrmechanismen in der Klimakrise 24
        2.2.1   Flucht 26
        2.2.2   Erstarren 28
        2.2.3   Kampf 29
        2.2.4   Therapeutische Relevanz und emotionaler Bezugsrahmen 32
            Selbsterfahrungsfragen 34
            Exkurs: Klimakrise und Klimakommunikation 34

3   Psychische Auswirkungen der Klimakrise **38**
    3.1   Auswirkungen von Naturkatastrophen und längerfristigen Klimaereignissen 39
    3.2   Psychische Folgen durch antizipierte Folgen der Klimakrise   40
    3.3   Klimagefühle 44
        Klimaangst 44
        Klimawut 46
        Klimatrauer 47
        Klimascham und -schuld 48
        Klimahoffnung 49
        Weitere Klimagefühle 50

4	**Die Klimakrise und Psychotherapie**	52
4.1	Gemeinschaftliche Betroffenheit	52
	Selbsterfahrungsfragen	56
4.2	Klimagefühle als adaptive Reaktion	56
4.3	Überlegungen zu Diagnostik und Indikation	58
	Selbsterfahrungsfragen	59
4.4	Berufsethische Aspekte	60
	Selbsterfahrungsfragen	62
	Exkurs: Klimakrise und die systemische Perspektive	62

5	**Förderung von Klimaresilienz**	65
5.1	Resilienz im Allgemeinen	65
5.2	Ein theoretischer Einstieg in die Klimaresilienz	69
	Selbsterfahrungsfragen	74

II Praktische Anwendung

6	**Psychotherapeutische Methoden**	77
6.1	Therapeutische Grundhaltung	79
	Selbsterfahrungsfragen	80
6.2	Achtsamkeits- und akzeptanzbasierte Übungen	82
	Selbsterfahrungsfragen	89
6.3	Emotionsbezogene Methoden	89
	Selbsterfahrungsfragen	92
	Aufstellen aller Klimagefühle	92
	Resignation vs. Kampf	98
	Exkurs: Klimakrise und existenzielle Psychotherapie	101
6.4	Kognitive Methoden	103
	Gedankliche Beschäftigung mit der Thematik – Motivation fördern	104
	Skalierung	106
	Selbsterfahrungsfragen	107
	Defusion	107
6.5	Umgang mit sich selbst im Rahmen von Engagement und Aktivismus	110
6.5.1	Selbstmitgefühl und Selbstwert	110
6.5.2	Selbstfürsorge	114
	Exkurs: Dynamiken in ehrenamtlichen Gruppen	116
6.6	Verhaltensbezogene Maßnahmen	118
	Exkurs: Handabdruck versus Fußabdruck	119
6.6.1	Werteorientierung und Nutzung der Krise als Chance	121
	Selbsterfahrungsfragen	121
6.6.2	Naturverbundenheit	126
	Selbsterfahrungsfragen	127

		6.6.3 Klimaengagement und Finden einer Gemeinschaft...	128
7	**Abschließende Gedanken**		**132**

III	**Verzeichnisse**	
Literaturverzeichnis		137
Stichwortverzeichnis		147

I Theoretische Hintergründe

1 Die Klimakrise und unser psychotherapeutischer Arbeitsauftrag

> **Zusammenfassung**
>
> Die Klimakrise hat bereits jetzt global massive Auswirkungen, so wie eine Zunahme von Naturkatastrophen und Nahrungsmittelknappheit. Und obwohl die verheerenden Folgen der steigenden Treibhausgasemissionen schon so lange bekannt sind, ist bisher nicht genug passiert, um die Katastrophe abzuwenden. Bedrohlich ist vor allem die Aussicht auf die kommenden Jahrzehnte. Viele beschreiben dementsprechend die Klimakrise als die größte Gefahr für die Menschheit und erleben dadurch existenzielle Ängste. Psychotherapeutisch Klimaresilienz zu fördern bedeutet, Menschen dabei zu unterstützen, mit diesen Gefühlen angemessen umzugehen sowie aus der Vermeidung heraus und ins Handeln zu kommen.

Die Klimakrise ist schon lange in unserem Alltag angekommen. Sie ist medial omnipräsent, und auch wir hier in Deutschland spüren inzwischen ganz reale Auswirkungen wie Hitzesommer, Flutkatastrophen und ausgedörrte Flussläufe. Was früher weit entfernt und für uns nicht relevant erschien, nimmt jährlich immer gewaltigere Formen an. Gleichzeitig, und das erscheint paradox, leben wir unseren oft klimaschädlichen Alltag weiter und verdrängen die Konsequenzen unseres Verhaltens.

In einem kürzlichen Gespräch mit Freundinnen kamen wir auf die Klimakrise zu sprechen. Wir teilten unsere starken Ängste und Sorgen und waren emotional deutlich aktiviert. Dann jedoch fuhr auf der Straße ein Oldtimer an uns vorbei und auf einmal waren Autos das Thema. Nicht etwa die verheerenden Folgen der Nutzung fossiler Brennstoffe im Individualverkehr, sondern die Ästhetik von bestimmten Automodellen und wer welches Auto schon immer mal ausprobieren wollte. Dabei wurde ein Gefühl von Entspannung und Leichtigkeit in Anbetracht des Themenwechsels deutlich spürbar – eine Erleichterung durch das emotional unbelastete neue Thema.

Ähnliche Szenen können wir oft beobachten: Sei es, dass Nachrichtensprecherinnen vom katastrophalen IPCC-Report (Pörtner et al., 2022) nahtlos in den lächelnd vorgetragenen Wetterbericht über sonnige Frühlingstemperaturen übergehen, oder dass in privaten Konversationen abrupt von der Klimakrise zu schönen Flugreisen und damit verbundenen lustigen Urlaubsanekdoten gewechselt wird. Eine Vermeidung der Thematik ist bei der aktuellen Omnipräsenz nur sehr schwer möglich, aber dennoch passiert paradoxerweise extrem wenig. Unser Verhalten und eben auch das Verhalten politischer Entscheidungsträgerinnen wird dadurch nicht nachhaltig beeinflusst. Wir bleiben in unseren alten klimaschädlichen Verhaltensmustern wie erstarrt. Es gibt offensichtlich psychologische Mechanismen, die eine intensivere Auseinandersetzung und somit das Fühlen der damit verbundenen aversiven Gefühle verhindern.

Zu einem gewissen Maß sind diese durchaus kurzfristig gesund: Sie erlauben uns, in Anbetracht der uns erwartenden Katastrophe, nicht in tiefe Verzweiflung zu stürzen. Immerhin kann die Angst in ihrer überwältigenden Intensität auch handlungsunfähig machen. Gleichzeitig verhindern die Abwehrmechanismen aber auch adäquates Handeln.

Dabei lässt die wissenschaftliche Forschung zum Thema Erderwärmung wenig Spielraum für Spekulationen: Mehr als 99 % der aktuellen Studien zeigen einen menschenverursachten Klimawandel (Lynas et al., 2021; Powell, 2017). Schon 1972 veröffentlichte der Club of Rome *Die Grenzen des Wachstums* und machte darin auf die begrenzten Ressourcen unseres Planeten aufmerksam. Auch der Mineralölkonzern Exxon, heute ExxonMobil, untersuchte schon 1982 den Treibhauseffekt. Die für die Studie engagierten Wissenschaftler:innen prognostizierten einen Anstieg des CO_2-Gehalts der Atmosphäre und der Temperatur, der ungefähr den aktuellen Daten entspricht, und empfahlen gleichzeitig, diese Informationen nur intern weiterzugeben und nicht voreilig große Veränderungen in Energiegewinnung und -verbrauch vorzunehmen (Glaser, 1982). Im Verlauf der Jahre betonten die Führungskräfte des Konzerns, dass die Vorhersagen zu unsicher seien, um daraus relevante Entscheidungen abzuleiten und der Konzern engagierte sich zunehmend gegen klimaschützende Maßnahmen. Man kann vermuten, dass finanzielle Motive, genauer die Vermeidung von Einbußen in den Umsätzen durch die erwarteten negativen Konsequenzen, ausschlaggebend dabei gewesen sind.

Die Diskrepanz zwischen Wissen und Handeln zieht sich durch die Thematik. Obwohl die relevanten Fakten seit den achtziger Jahren weitestgehend bekannt sind, hat sich die Lage in den letzten Jahrzehnten nicht verbessert. Im Gegenteil; sie hat sich deutlich verschlechtert. Die erste Klimarahmenkonvention der Vereinten Nationen über Klimaänderungen fand 1992 statt, das Kyoto-Protokoll der Vereinten Nationen wurde 1997 beschlossen, um den Klimaschutz völkerrechtlich verbindlich auszugestalten. Trotz dessen steigt der Ausstoß von Emissionen weiterhin an.

Relevante Studien zeigen recht einheitlich, dass der bisher erfolgte Temperaturanstieg um 1,1 °C auf die von Menschen verursachten Treibhausgas-Emissionen zurückzuführen ist (Wuebbles et al., 2017). Dementsprechend ist ein zügiges Senken der Emissionen dringend erforderlich, um eine weitere Erhöhung der Temperatur um mehr als die anvisierten 1,5 °C zu verhindern. Der bisherige Verlauf der Reaktionen lässt uns nicht optimistisch in die Zukunft schauen. Der US-Klimabeauftragte John Kerry spricht von einer erwarteten Erderwärmung von insgesamt 2,5 °C bis 3,5 °C. Die Spannbreite des geschätzten Temperaturanstiegs bis Ende des Jahrhunderts geht aber bei anderen Schätzungen bis zu 5 °C hoch, je nachdem wie konsequent wir jetzt den Klimaschutz verfolgen. Mit den aktuellen Plänen der Länder (Intended Nationally Determined Contributions) sind 2 °C nicht mehr zu erreichen (Rogelj et al., 2016). Auch der jährliche IPCC-Bericht warnt immer wieder vor den gravierenden Folgen, vor allem für vulnerable Menschen und gefährdete Ökosysteme, wenn nicht bis 2030 die Treibhausgasemissionen zumindest halbiert werden (Pörtner et al., 2022).

Der Global Risk Report 2021 des World Economic Forums schätzt umweltbezogene Risiken wie Verlust an Biodiversität, Extremwetterereignisse, menschengemachte Umweltschäden und »climate action failure« als wahrscheinlichste und zum Teil weitestreichende Risiken der nächsten Jahre ein. Das Versagen der Menschen in Anbetracht der Klimakrise hat neben Pandemien die stärkste Kombination von Wahrscheinlichkeit und Einfluss.

Spratt und Dunlop (2019) kreieren ein mögliches, und wie sie betonen, wenn auch nicht unabwendbares, so doch nicht unwahrscheinliches Szenario für 2050. Sie beschreiben die »Hothouse Earth«: der Meeresspiegel ist bereits um 0,5 Meter angestiegen und wird bis 2100 um zwei bis drei Meter ansteigen. 35 % der Erdoberfläche und 55 % der Weltbevölkerung sind mehr als 20 Tage im Jahr tödlicher Hitze ausgesetzt, die menschliches Überleben unmöglich macht. Ganze Ökosysteme wie das Great Barrier Reef und der Regenwald im Amazonas kollabieren. Großflächige Wüsten bilden sich vor allem in der Äquatorialregion, was wiederum drastische Einbußen in der Ernte von Grundnahrungsmitteln wie Weizen, Mais, Reis und Soja nach sich zieht. Die Folgen sind Nahrungsmittel- und Trinkwasserknappheit, die die ganze Welt betreffen. Eine Milliarde Menschen sind aufgrund der unbewohnbaren Gebiete und des steigenden Meeresspiegels auf der Flucht. Begrenzte Ressourcen und die Flüchtlingsbewegungen machen bewaffnete Kriege sehr wahrscheinlich. Gesellschaftsordnungen weltweit sind überwältigt von den Veränderungen und kollabieren, was globales Chaos nach sich zieht. Zusammengefasst lässt sich festhalten: Eine Erderwärmung um 4 °C wäre schlichtweg katastrophal für uns als Menschheit, ein Weiterleben wie bisher mit großer Wahrscheinlichkeit unmöglich. Die Vorhersagen reichen vom Sterben von bis zu 3 Milliarden Menschen bis zum Aussterben der gesamten menschlichen Art.

Ich weiß nicht, wie es Ihnen geht, aber bei mir löst ein solches Schreckensszenario sofort Beklemmung und Panik aus. Wenn ich mich mit den Fakten konfrontiere, bekomme ich Angst vor der Zukunft. Und damit bin ich nicht die Einzige: Eine groß angelegte weltweite Studie befragte 10.000 junge Menschen in zehn verschiedenen Ländern zur Klimaangst (Hickman et al., 2021). Beinah 60 % gaben an, sehr oder extrem besorgt angesichts der Klimakrise zu sein. Sie seien unter anderem ängstlich, verärgert, hilflos und traurig. Die Zukunft fühle sich bedrohlich an, die Menschheit sei dem Untergang geweiht und Regierungen täten nicht genug dagegen. Dies sind einige der Antworten, die über 50 % als zutreffende Gedanken ankreuzten. Diese Ängste zeigen sich unter anderem in drastisch formulierten Plakaten auf weltweiten Demonstrationen gegen die Klimakrise: »You will die of old age, I will die of climate change.«

Trotz aller Krisen der letzten Jahre, inklusive einer weltweiten Pandemie, dem Ukraine-Krieg und der globalen Inflation, schätzen die meisten Menschen die Klimakrise immer noch als die stärkste Bedrohung ein (gemäß einer Umfrage des Pew Research Centers an 24.525 Erwachsenen aus 19 Ländern im August 2022). Und gleichzeitig geht es gefühlt trotzdem weiter wie bisher. Es passiert einfach nicht genug.

2019 sagte Greta Thunberg auf dem Weltwirtschaftsforum in Davos die berühmten Worte »I want you to panic«. Und obwohl eine große Anzahl der jungen Menschen, offensichtlich von Klimagefühlen belastet ist, besteht nicht der Eindruck, dass gesamtgesellschaftlich ausreichend Panik entstanden ist, um die fundamental notwendige Veränderung zu initiieren. Dabei erscheint uns eine nicht nur kognitive, sondern auch emotionale Auseinandersetzung mit der Klimakatastrophe als eine der wichtigsten Aufgaben unserer Zeit, um eine wie oben skizzierte Zukunft abzuwenden.

Mit unserer Fachkompetenz als Psychologinnen und Psychotherapeutinnen müssen wir uns doch folgende Frage stellen: Wieso ist Panik keine konsensuelle Emotion, obwohl die Lage (wie soeben dargestellt) durchaus Panik evozieren sollte? Weiterführend ist aber mindestens ebenso relevant, ob Panik an dieser Stelle eine wünschenswerte oder hilfreiche Emotion ist? Was ist denn ein adäquater und hilfreicher emotionaler Umgang mit dieser immensen Bedrohung? Wie können wir in Anbetracht so überwältigender Probleme emotional resilient bleiben, um ins Handeln zu kommen?

Als Therapeutinnen geht es dabei nicht nur um uns selbst und unsere emotionale Resilienz, sondern auch um die der Patientinnen. Wie können wir durch unseren Beruf Menschen darin unterstützen, die richtige Balance zwischen Erstarrung und Überwältigung zu finden, wenn auch wir selbst manchmal oder oft belastet und in unserem Umgang nicht gefestigt sind? Die Psychologists/Psychotherapists for Future, ein Verein von Psycholog:innen und Psychotherapeut:innen, der ein Teil der For Future Bewegung ist, zitiert auf ihrer Website Bruce Poulson (2018): »Climate Change is a psychological crisis, whatever else it is.« In seinem Artikel schreibt der Autor weiter, dass die ökologische Bedrohung zu groß erscheint, um sie mit unseren aktuellen psychologischen Werkzeugen bewältigen zu können. Andererseits: Was ist die Alternative? Aufgeben und sich dem Schicksal ergeben? Wir denken, das kann nicht die Lösung sein. Deswegen möchten wir mit unserem Buch einen Beitrag dazu leisten, eben jene psychologischen Werkzeuge bereitzustellen und nutzbar zu machen.

Die Klimakrise stellt eine existenzielle Bedrohung für uns als Menschheit dar und damit ist sie eine psychologische Krise für uns alle. Als Psychotherapeutinnen erleben wir zunehmend die Relevanz dieser Thematik bei (vor allem jüngeren) Patientinnen, während wir gleichzeitig selbst auch davon betroffen sind. Sicherlich erleben wir immer wieder, dass Themen und Probleme, die Patientinnen mitbringen, Überschneidungen zu unserem Leben und Erleben aufweisen, dennoch sind es letzten Endes doch ihre Konflikte und Leidensgeschichten. Bei der Klimakrise ist dies anders – auch wir sind konfrontiert mit den Veränderungen, die wir bereits erleben und mit der Angst vor Veränderungen, die uns noch erwarten. Wir erleben zum Teil die gleichen Gefühle, die mit der Klimakrise assoziiert sind: die Ohnmacht, die Wut, die Angst und die Traurigkeit.

Das können (und müssen) wir auch nicht abstellen, wenn wir klimabelastete Menschen behandeln. Aber genau deshalb ist es so wichtig, dass wir uns unserer eigenen emotionalen Reaktion auf die Klimakrise und unserer Mechanismen im Umgang damit bewusst sind. Um erfolgreich zu behandeln, sollten wir nicht nur ein grundlegendes Verständnis der realen wissenschaftlichen Lage bezüglich der Klimakrise haben, sondern auch ein Konzept von unseren klimabezogenen Gefühlen, ebenso wie von unserer eigenen Vermeidung und Verdrängung. Dementsprechend laden wir Sie ein, sich auf die Selbsterfahrungselemente in diesem Buch einzulassen, mit Menschen in Ihrem Umfeld über Ihre Klimagefühle zu reden und in Kontakt zu kommen, mit sich, aber auch mit Anderen. Wenn wir von Patientinnen verlangen, sich den Gefühlen zu stellen, dann sollten wir auch selbst dazu in der Lage sein. Beobachten Sie Ihre eigenen Reaktionen beim Lesen und nutzen Sie die weiterführenden Fragen, um die Selbstreflexion zu vertiefen. Gleichzeitig möchten wir aufzeigen, dass wir als Psychotherapeutinnen durchaus eine Werkzeugkiste haben und Ihnen Möglichkeiten aufzeigen, Patientinnen zu behandeln, die von Klimagefühlen belastet sind.

Der generelle gesellschaftliche Kontext, in dem wir agieren, ist aktuell (noch) einer der systematischen Unterschätzung der Bedrohung durch die Klimakrise. Das zu ändern ist eine wichtige Aufgabe, auch von Psychologinnen, die zum Beispiel effektive Klimakommunikation erforschen. Das vorliegende Buch möchte sich jedoch explizit den Menschen widmen, die bereits Leidensdruck durch die Krise verspüren; entweder durch starke Klimagefühle oder durch die Überforderung, die Klima-Engagement mit sich bringen kann. Als Psychotherapeutinnen möchten wir ihnen dabei helfen, resilient mit den ausgelösten Gefühlen umzugehen. Ein Übermaß an Klimaemotionen oder ein inadäquater Umgang führt schließlich häufig dazu, dass sich Personen in die Vermeidung zurückziehen, weil sie sich nicht im Stande fühlen, sich mit der Thematik auseinanderzusetzen. Dabei ist Aktivismus ein nicht zu unterschätzender Resilienzfaktor: Aus der Vermeidung herauszutreten und durch individuelle und kollektive Aktionen ins Handeln zu kommen, kann Menschen dabei helfen, sich weniger ohnmächtig und überwältigt zu fühlen und dadurch den Leidensdruck durch Klimagefühle mindern (Schwartz, Benoit, Clayton, Parnes, Swenson & Lowe, 2022). Und selbstverständlich ist der gesamtgesellschaftliche Nutzen davon, dass Menschen vom Vermeiden ins Handeln kommen, immens. Indem wir Personen genau dabei unterstützen, möchten wir unseren Beitrag dazu leisten, die Klimakrise bestmöglich zu bewältigen.

2 Psychologische Faktoren in der Bewertung der Klimakrise

> **Zusammenfassung**
>
> Es gibt verschiedene Gründe, warum die Klimakrise als nicht so bedrohlich bewertet wird, wie sie real ist. Dabei spielen kognitive Faktoren eine Rolle. Dazu gehört, dass der Mensch evolutionär betrachtet, nicht dafür konzipiert ist, auf so abstrakte Bedrohungen wie den Klimawandel zu reagieren. Denn dieser ist zum Beispiel nicht direkt beobachtbar, hat einen extrem langen Verlauf, unvorhersehbare Konsequenzen und keine eindeutige Lösung. Wenn denn doch eine Reaktion erfolgt, so ist sie auch nicht immer adaptiv. Der Grund dafür ist die existenzielle Angst, die durch die Krise ausgelöst wird und sich oft überwältigend anfühlt Die verschiedenen Möglichkeiten emotional zu reagieren kann man subsumieren unter: Flucht, Erstarren und Kampf. Dabei ist der Kampf, zumindest wenn er gegen die Klimakrise selbst kämpft, wohl der adäquateste Bewältigungsmechanismus, da er der Einzige ist, der an der Bedrohung selbst ansetzt, und nicht nur darauf abzielt, die emotionale Reaktion zu reduzieren.

Die Drastik der Klimakrise scheint trotz zunehmender medialer Repräsentanz bei einem Großteil der Bevölkerung und vor allem bei Entscheidungsträger:innen nicht in aller Deutlichkeit präsent zu sein und führt vor allem nicht zu der gewünschten Veränderung, um die Katastrophe zumindest abzumildern, wo ein Abwenden offensichtlich gar nicht mehr möglich ist. Dies mag verwunderlich erscheinen angesichts der unbedingten Notwendigkeit, sich besser früher als später mit der Thematik auseinanderzusetzen, um ins Handeln zu kommen. Es spielen verschiedene psychische Mechanismen eine Rolle dabei, warum wir die Bedrohung nicht so deutlich spüren, wie wir vielleicht sollten.

2.1 Die systematische Unterschätzung der Bedrohung

Das Nichterkennen oder Nichteinordnen der Klimakrise als Bedrohung ist offenkundig ein fundamentales Problem bei der lösungsorientierten Auseinandersetzung mit dieser. Und die Klimakrise ist leider genau die Art von Krise, mit der unser Verstand Schwierigkeiten hat (Dohm, Peter & Rodenstein, 2020). Evolutionär ist unser Gehirn dafür gewappnet, besonders gut auf Krisen zu reagieren, die im Hier und Jetzt stattfinden, beziehungsweise auf Situationen, wo die Gefahr deutlich sichtbar ist, und eine direkte Reaktion erfordert. Die Klimakatastrophe jedoch ist vermeintlich sowohl örtlich wie auch zeitlich weit weg und betrifft vor allem »die Anderen«.

Die Bedrohung ist aktuell trotz aller Umweltkatastrophen, die wir medial mitbekommen, in gewisser Hinsicht unsichtbar. Es ist in Deutschland, abgesehen von einzelnen Ereignissen wie der Flutkatastrophe im Ahrtal, durchaus möglich, den Klimawandel nicht zu sehen, wenn man sich dazu entscheidet, keine Medien diesbezüglich zu konsumieren. Dass Trockenperioden die Ernten belasten, fällt im Supermarkt, in dem immer eine Fülle an Lebensmitteln zur Verfügung steht, kaum auf. Menschen, die mit der Natur wenig Berührungspunkte haben, erleben zwar heißere Sommer und leiden vorübergehend darunter, aber sie spüren nicht unbedingt die problematischen Konsequenzen davon. Es wird berichtet, dass immer mehr heimische Bäume sterben, aber wir sehen doch überall Bäume und Wälder. Nicht nur die hierzulande kaum wahrnehmbaren Folgen machen die Klimakrise wenig sichtbar, sondern auch der nicht spürbare Zusammenhang zwischen Ursache und Wirkung. Die Konsequenzen des eigenen Handelns sind nicht vorhersehbar und größtenteils indirekt. Ob ich heute alles in Plastikverpackungen kaufe, von Berlin nach München fliege oder jeden Tag Fleisch esse, hat für mich zumeist keine direkte negative Konsequenz. Auch global ist dies der Fall: Die westliche Welt ist zwar für den Großteil der Emissionen verantwortlich, die Auswirkungen des Klimawandels belasten aber aktuell vor allem den globalen Süden (Chaplin-Kramer et al., 2019; Fussel, 2009; Hickel, 2020).

Ein weiteres Problem ist, dass es einen solchen Klimawandel bisher noch nicht gegeben hat. Er ist in seiner Form einzigartig in der Menschheitsgeschichte, es gibt also noch keine Erfahrungswerte oder gar erprobte Lösungsansätze im Umgang damit. Es gibt auch keine eindeutige Lösung dieses Problems. Das stellt wiederum ein Hindernis für die erlebte Selbstwirksamkeit dar. Gemäß dem Konzept der Selbstwirksamkeitserwartung initiiert der Mensch eine Handlung eher, wenn er oder sie sich davon Erfolg verspricht (Bandura, 1977). Bei der Klimakrise ist das Handeln jedoch häufig eben nicht erfolgversprechend, zumindest nicht das individuelle Handeln. Der Klimawandel ist ein globales Problem und multifaktoriell bedingt. Er kann nicht alleine gelöst werden und Veränderungen auf individueller Ebene, dem einzigen Bereich, über den wir Kontrolle haben, wirken manchmal nichtig im Vergleich zu den großen »global players« oder zu den Entscheidungen Milliarden anderer Menschen.

Erschwerend kommt der lange Verlauf hinzu. Schon vor vielen Jahrzehnten gab es Hinweise auf eine drohende ökologische Katastrophe und spätestens seit den Neunzigern des zwanzigsten Jahrhunderts herrscht weitestgehend Einigkeit über einen kausalen Zusammenhang zwischen dem Ausstoß von Treibhausgasen und einem Temperaturanstieg. Gleichzeitig ist erst in den letzten Jahren wirklich ein Effekt spürbar. Das sehr langsame Feedback (sowohl positiv als auch negativ) hemmt die Handlungsmotivation, politisch ebenso wie individuell. Das seit Jahrzehnten mit erhobenem Zeigefinger weitergetragene Narrativ der Bedrohung durch die Klimakrise bewirkt, dass die Bedrohung eben doch nicht mehr allzu bedrohlich erscheint. Wie in der Fabel von Aesop, *Der Hirtenjunge und der Wolf*, nehmen die Dorfbewohner (im Fall der Klimakrise die Erdenbewohner) die Hilferufe nicht mehr ernst, denn: »Es ist ja bisher auch nichts Schlimmes passiert.«

Als Zwischenfazit lässt sich festhalten: Es fehlt mitunter ein Problembewusstsein, aber ebenso fehlen Verantwortungsgefühl und Selbstwirksamkeit. Interessanterweise finden sich im Modell zur Erklärung individuellen Umweltschutzverhaltens ebendiese drei relevanten Punkte, welche die eigene ökologische Norm beeinflussen und damit die Motivation bedingen, sich nachhaltig zu verändern (Hamann, Baumann & Löschinger, 2016).

Hinzu kommt, dass der Mensch nur eine begrenzte Aufmerksamkeitskapazität hat. So zeigt eine Studie, dass in dem Umfang, wie die Sorgen um Corona und die Aufmerksamkeit auf die Pandemie bei Personen zunahmen, die auf den Klimawandel gelenkte Aufmerksamkeit abnahm. Und dies, obwohl sich Menschen weiterhin Sorgen um den Klimawandel machten (Sisco et al., 2020). Es ist schwierig, der Klimakrise im Bewusstsein genug Raum zu geben, wenn andere Belastungen wie Pandemien, Kriege, aber auch private Probleme den Alltag dominieren. Sorgen um die Klimakrise treten dementsprechend stärker in Ländern, die ein höheres Bruttoinlandsprodukt haben, auf und vermindern sich bei Einzelnen, wenn diese ökonomische Probleme erleben, z. B. durch Arbeitslosigkeit (Duijndam & van Beukering, 2021).

Ein weiterer relevanter kognitiver Prozess ist der sogenannte Optimism Bias: die Tendenz, die Wahrscheinlichkeit von positiven Ereignissen für sich selbst zu über- und die von negativen Ereignissen zu unterschätzen (Sharot, 2012). Er findet sich in Aussagen wieder wie »Wird schon alles (für mich persönlich) nicht so schlimm werden«. Bezüglich der Klimakrise ist der Optimism Bias natürlich fatal, da er eine massive Fehleinschätzung der Situation beinhaltet. Es gibt aktuell leider wenig Grund zum Optimismus (Pörtner et al., 2022). Und er behindert, so wie die anderen genannten Prozesse auch, eine emotionale Aktivierung. Ohne Emotion jedoch gelingt es nicht, ins Handeln zu kommen.

Aber auch wenn die Emotion ausgelöst und die Klimakrise als Bedrohung wahrgenommen wird, dann ist die Reaktion nicht automatisch hilfreich, wie wir uns im nächsten Kapitel anschauen werden. An dieser Stelle soll jedoch auch nicht unerwähnt bleiben, dass die Prozesse, die das Anerkennen des Klimawandels als Bedrohung behindern, in eine gesellschaftliche Struktur eingebettet sind. Das System, in dem wir leben, basiert auf stetigem Wachstum und damit auch auf Konsum. Wir sind aufgewachsen mit dem Rational, dass Wirtschaftswachstum immer ein erstrebenswertes Ziel ist und der menschlichen Entwicklung keine Grenzen gesetzt sind. Auch ist die Welt durch die Globalisierung scheinbar so unüberschaubar und die Prozesse sind so unübersichtlich geworden, dass die einzelne Person, überwältigt von der Unüberschaubarkeit und wahrgenommenen Unkontrollierbarkeit, sich tendenziell in den privaten Raum zurückzieht (Lertzman, 2015). Um ewig als Gesellschaft zu wachsen, müssen wir natürlich auch ewig leisten und konsumieren. »Mehr leisten« ist dementsprechend ein Muss für jeden Einzelnen. »Mehr konsumieren« ist nicht nur erlaubt, sondern erwünscht, um die Wirtschaft zu stärken. Die materielle Werteorientierung der Gesellschaft findet sich natürlich auch im Individuum wieder. Diese Grundkonzepte sind jedoch schlecht vereinbar mit den planetaren Grenzen und dem, was die Klimakatastrophe als Handeln erfordert.

2.2 Emotionale Reaktionen auf die wahrgenommene Bedrohung der Klimakrise

Die Klimakatastrophe ist eine existenzielle Bedrohung, die wir alle zu einem gewissen Grad abwehren müssen. Mit dem Wissen um den drohenden ökologischen Kollaps ist es sehr schwer, psychisch gesund zu bleiben. Es drohen überwältigende Gefühle von Ohnmacht, Angst und Hilflosigkeit. Die Anerkennung der Bedrohung bedeutet immerhin auch, dass wir die Konsequenzen der Bedrohung für uns und alle, die uns wichtig sind, anerkennen. Es bedeutet Todesangst. Es bedeutet aber eben nicht nur eine Bedrohung für uns und unsere Angehörigen, sondern potenziell auch für die gesamte Menschheit. Und es bedeutet ein Infragestellen unserer gesamten Lebensweise und des bisherigen gesellschaftlichen Wertesystems. Das produziert naturgemäß unerträglich erscheinende Affekte und aktiviert unser archaisches Bedrohungssystem (Scherer & Berghold, 2022). Dieses Bedrohungssystem hilft jedoch in der aktuellen Situation häufig leider nicht, die Bedrohung wirklich zu bewältigen. Im Gegenteil führt es teilweise zu paradoxen Reaktionen, die sich aus der Aggravation der Bedrohung ergeben.

Habibi-Kohlen schreibt aus psychoanalytischer Perspektive über diese fundamentale Problematik (2020, S. 25–26):

> »Die neue Debatte über ›fünf vor zwölf‹ oder ›fünf nach zwölf‹ zwingt uns in ihrer neuen Anschaulichkeit zu einer Konfrontation mit so grundlegender Gefahr, dass wir alles daransetzen, sie abzuwehren, um unsere Identität nicht fundamental erschüttern zu lassen. Dabei ist diese Identität von außen betrachtet verrückt und suizidal, d. h. ressourcenverschwendend und erderwärmend bis zur Existenzbedrohung der Gattung Mensch (und Tier und Pflanzen), von innen jedoch »normal« und Sicherheit gebend, uns bestätigend.«

Um den Formen der emotionalen Reaktionen auf die Bedrohung durch die Klimakrise eine Struktur zu geben, möchten wir sie in die Kategorien Flucht – Kampf – Erstarren (Fight – Flight – Freeze) einordnen (nach Gray, 1978, auf die Klimagefühle übertragen unter anderem durch Chmielewski, 2019). Diese sind jedoch nicht immer trennscharf voneinander zu unterscheiden und haben teilweise fließende Übergänge. Diese Unterteilung ist eine rein strukturgebende und nicht notwendigerweise inhaltlich begründete. Es hilft uns dabei, ein gemeinsames Vokabular zu entwickeln, welches wir später nutzen können. Ebenso könnte man die Formen der emotionalen Reaktionen gemäß der analytischen Schule in die Abwehrmechanismen einordnen (siehe Exkurs: Abwehrmechanismen in der Klimakrise).

Im Gegensatz zu den oben genannten Prozessen ist die Grundannahme der im Folgenden beschriebenen emotionalen Reaktionen, dass es eine emotionale Aktivierung gibt, also ein Bewusstsein über die drohende Katastrophe. Es liegt in der Natur des Menschen, unangenehme Erlebnisse und Emotionen vermeiden zu wollen. In der klassischen behavioralen Forschung von Skinner hat sich gezeigt, dass kurzfristige angenehme Konsequenzen äußerst wirksam Verhalten steuern können. Dafür werden auch langfristige unangenehme Konsequenzen in Kauf genommen. So finden sich in einer Verhaltensanalyse für dysfunktionales Verhalten häufig die aufrechterhaltenden Komponenten der kurzfristigen Konsequenzen C+ (positive Verstärkung, Hinzufügen einer positiven Konsequenz) und C- (negative Verstärkung, Wegfall einer negativen Konsequenz). Durch das Wegfallen eines aversiven Gefühls werden wir also für unser Verhalten belohnt und streben an, es zu wiederholen. Und was wäre eine aversivere Emotion, als die, die durch die immanente Bedrohung des eigenen Lebens und des Lebens aller, die wir lieben, ausgelöst wird? Dieses Gefühl gilt es dementsprechend zu vermeiden.

Um therapeutisch anzusetzen ist es wichtig, die Mechanismen zu verstehen, welche durch die unerträglich erscheinenden Gefühle zur Klimakrise ausgelöst werden. Denn erst wenn wir verstanden haben, was das Hindernis ist, können wir beginnen, dieses aufzulösen.

Exkurs: Abwehrmechanismen in der Klimakrise

Expertinneninterview mit Delaram Habibi-Kohlen

Zur Person: Dipl.-Psych. Delaram Habibi-Kohlen ist niedergelassene Psychoanalytikerin und Lehranalytikerin. Neben ihrer hauptberuflichen Tätigkeit ist sie in mehreren Klimaschutz-Gruppen aktiv. Sie hat bereits zahlreiche Artikel und Texte zu psychoanalytischen Betrachtungen und Überlegungen bezogen auf die Klimakrise veröffentlicht, unter anderem die Selbstbeobachtung »Fünf nach Zwölf«.

Es folgt ein Gespräch zwischen Delaram Habibi-Kohlen (H.) und Beatrice Jost (J.).

J.: Dass die Klimakrise nicht angemessen als Bedrohung behandelt wird, begründet die Psychoanalyse mit Abwehrmechanismen, sowohl im Individuum wie auch in gesellschaftlichen Strukturen. Inwiefern spielt unser aktueller kultureller Kontext eine Rolle?

H.: Unsere Kultur ist eine individuumszentrierte, auf Wettbewerb ausgerichtete, die die eigene Freiheit versteht, als Fähigkeit, Grenzen zu überwinden. Grenzen bedeuten für uns etwas Schlechtes, insbesondere wenn sie mit Verzicht und Selbstbeschränkung zusammen gedacht werden. Klimakrise angemessen zu behandeln, würde jedoch bedeuten, sich zu beschränken und die planetaren Grenzen anzuerkennen. Wir denken stattdessen, dass es dank einem als magisch fantasierten technologischen Fortschritt keine wirklichen Grenzen geben müsste. Wir verleugnen auch die Grenzen in Form der eige-

	nen Abhängigkeiten von Wasser, Erde, Sonne und Luft und fantasieren, dass alles Lebensnotwendige künstlich hergestellt werden könne. Letzten Endes propagiert unsere Kultur die Überwindung des Todes.
J.:	Welche Formen der Abwehr sind denn speziell bezogen auf die Klimakrise relevant?
H.:	Die technologiezentrierte Illusion (»Es wird schon eine technologische Möglichkeit geben, Emissionen zu unterbinden, zurückzuholen aus der Atmosphäre usw.«) ist eine dominante Form der Abwehr, aber auch immer mehr ein Doomism (»Es ist eh schon zu spät, dann kann ich mein Leben auch noch genießen«) sowie – parallel nebeneinander existierend – eine Verschiebung nach hinten (»Noch haben wir die Kipppunkte nicht erreicht« wird gleichgesetzt mit »Wir haben ja noch Zeit«). Projektionen im Zusammenhang mit einer Rationalisierung (»China und Indien und USA sind die größten CO^2 Emittierenden, da nützt es nichts, wenn wir hier ein bisschen einsparen«) sind sehr beliebt. Vor allem jedoch gibt es keine Vorstellung davon, dass etwas weniger Wohlstand erstrebenswert sein könnte oder dass diese Form des Wohlstands uns auch bequem macht, uns schadet. Hier ist auch ein Generationenstreit zu beobachten, in dem manche »Alten« den »Jungen« paternalistisch sagen wollen, wie sie sich zu verhalten haben und selbst auf das »wohlverdiente, hart Erarbeitete« nicht verzichten wollen.
J.:	Gibt es noch weitere Abwehrmechanismen, die typischerweise ein Anerkennen der Krise behindern?
H.:	Die wirksame Abwehr durch Isolierung der Problemfelder sorgt dafür, dass Zusammenhänge nicht gedacht und vorgestellt werden. Zum Beispiel bedeutet Klimakrise für viele Menschen, dass die Eisbären sterben. In welchem Zusammenhang diese zu uns stehen sollten, ist für sie irrelevant. Es wird nicht mitgedacht, dass der Verlust an Biodiversität uns alle trifft und letzten Endes unser Essen rar werden lässt, uns neue Pandemien bescheren wird und neue Krankheiten durch Ansiedlung von z. B. Malariamücken, unsere Atemluft vergiftet (zunehmende Waldbrände). Dass es nicht nur um CO^2-Emissionen geht, die vermieden werden müssen, sondern auch um Begrenzung im Allgemeinen (die Lithium- und Kupfervorräte werden ebenso zur Neige gehen wie alles andere auch). Dass Dürren, Fluten und Stürme Hungersnöte und millionenfache Migrationsbewegungen hervorrufen werden und dass dies bereits im vollen Gange ist und soziale Verwerfungen nach sich ziehen wird. Dass zunehmende Krisen durch Armut, Inflation, Migration usw. Demokratien zerstören werden, auch bei uns. Die Abwehr der Verleugnung im Zusammenhang mit Omnipotenz gaukelt uns ein europäisches Schlaraffenland vor, das ewig währen wird, weil wir das so wollen.
J.:	Wie blicken Sie, in Anbetracht dieser starken Abwehrmechanismen, auf die Zukunft der Menschheit in der Klimakrise? Gibt es aus Ihrer Sicht Ansatzmöglichkeiten für uns als Therapeutinnen?
H.:	Es geht in unserer Arbeit meines Erachtens um die Stärkung des Ich, das immer besser in die Lage versetzt werden kann, Realität auszuhalten und hinzusehen, um da, wo es möglich ist, einzugreifen und Äußeres wie auch das eigene Innere zu verändern. Dann können Spaltungen aufgehoben und et-

was, das nach außen projiziert wurde, wieder integriert werden. Das bedeutet auch, dass wir selbst als Therapeutinnen uns gewahr werden können, dass die Dinge global gesehen schwieriger und problematischer werden, dass es sich aber lohnt, für jeden zehntel Grad zu kämpfen, nicht so sehr, weil wir dann weiter ein schönes Leben haben werden, sondern weil ethisches Handeln in sich befriedigend ist, insofern, als es Verbindungen zwischen den Menschen schafft (das wertvollste Gut, das wir haben). Was kann das für die Therapien heißen? Zum Beispiel dass wir den gesellschaftlichen Kontext aufzeigen (Profitorientierung/Wettbewerb/Individualismus), wenn Patientinnen über Instagram und das eigene Nie-Gut-Genug-Sein oder über den mangelnden Selbstwert auf den Dating-Plattformen klagen. All das hat zu tun mit der erstrebten Grenzenlosigkeit.

2.2.1 Flucht

Abb. 2.1: Flucht

Unter Flucht subsumieren wir hier alle Arten der direkten und indirekten Vermeidung.

Vermeidung kann behavioraler Natur sein (▶ Abb. 2.1). Das heißt zum Beispiel, Artikel in der Zeitung zur Klimakrise zu überspringen oder in Gesprächen über die Klimakrise das Thema zu wechseln (»Lasst uns doch lieber über was Nettes reden«). Dies ist natürlich nur noch bedingt möglich, da die Klimakatastrophe mittlerweile in vielen herkömmlichen Medien präsent ist. Vermeidung nimmt dementsprechend häufig andere Formen an. Sie kann zum Beispiel kognitiver Natur sein. Das kann die oben genannten Mechanismen beinhalten, die auch die Wahrnehmung als Bedrohung behindern, wie zum Beispiel den Optimism Bias. Zu unangemessenem Optimismus kann auch der Glaube gezählt werden, hier in einem reichen Industrieland wie Deutschland nicht so sehr von den Folgen der Krise betroffen zu sein. Ebenso kann es aber auch der Glaube an die Technologie als deus ex machina, den ultimativen Retter in der Not sein, die uns daran hindert, das volle Ausmaß der Bedrohung anzuerkennen. Man kann das als eine »*im Infantilen gründende Hoffnung auf Versorgung durch ›die Großen‹*« betrachten (Habibi-Kohlen, 2021, S. 56). Irgendwer wird das schon von außen für uns lösen. Damit im Einklang gibt es auch die Tendenz, mehr auf staatliche Autoritäten zu vertrauen, wenn Menschen an die Klimakatastrophe erinnert werden (Fritsche, Cohrs, Kessler & Bauer, 2012).

Unter Vermeidung möchten wir hier auch den sogenannten Single Action Bias nennen. Grundsätzlich kann man Angst reduzieren, indem man die Aufmerksamkeit auf das Kontrollierbare richtet. Konkret gibt es die Neigung, sich auf einfache, durchführbare Handlungen zu fokussieren, gerade in einer unübersichtlichen und angstauslösenden Situation. Das kann dann wiederum das unangenehme Gefühl reduzieren, ohne jedoch wirklich etwas an der Situation geändert zu haben (Weber, 1997). Bezogen auf die Klimakrise ist dies anscheinend auch ein relevanter und ungünstiger Mechanismus (Zhao & Luo, 2021). Eine symbolische und eher unbedeutende ökologische Handlung kann nämlich wiederum dazu führen, dass weitere Handlungen unterlassen werden (Truelove et al., 2014; Weber, 2006). Ich kann mich dann auf dieser einen Handlung ausruhen, wie zum Beispiel auf der vegetarischen Ernährung, und mein Leben ansonsten weiter leben wie bisher. Und das mit einem ruhigeren Gewissen, denn immerhin tue ich ja etwas.

Natürlich gibt es auch die Flucht in den Hedonismus, in den kurzfristigen Lustgewinn. Immerhin ist Klimaschutz oft nicht kompatibel mit der so hoch geschätzten Freiheit der Selbstbestimmung. Diese wahrgenommene Einschränkung kann zu einem trotzigen »Jetzt erst recht« führen: »Ich will jetzt aber eine Avocado essen, die schmeckt mir halt.«, »Ich will aber in den Urlaub fliegen, ich habe da jetzt Lust drauf«. Immer wieder der Versuchung zur direkten Lustbefriedigung zu widerstehen ist nicht einfach, und unsere Gesellschaft macht es uns auch nicht leichter. An jeder Ecke gibt es klimafeindliche Verführungen. Sich dagegen zu entscheiden, nur um in der Zukunft eventuell positive Konsequenzen zu erwirken, ist für den Menschen schwer. Um das zu schaffen, braucht es ein starkes Motiv und das wiederum aufrechtzuerhalten heißt, auch die unangenehmen Affekte aufrechtzuerhalten, die damit assoziiert sind. Dann kann es leichter sein, die Klimakrise nicht im Kopf zu behalten und stattdessen weiterzumachen wie bisher.

Viele Aspekte der Vermeidung lassen sich auch mit der Reduktion kognitiver Dissonanz erklären (Festinger, 1957). Aktuell ist es aufgrund der gesellschaftlichen Umstände für die einzelne Person unmöglich, klimaneutral zu leben. Den CO_2-Fußabdruck signifikant zu reduzieren, bedeutet leider häufig massive Einschränkungen des Komforts. Gleichzeitig trägt vieles von unserem alltäglichen Verhalten zur Verstärkung der Klimakrise bei und deren Bedrohung ist uns zumindest intellektuell durchaus präsent. Das ist schwer zu ertragen. David Hiss schreibt dazu in *Climate Action* (2021, S. 146): »Wenn wir mit kognitiver Dissonanz konfrontiert sind, suchen wir […] einen Weg, sie loszuwerden – und wenn sich am dissonanten Verhalten nichts ändern lässt, dann ändern wir eben die Kognitionen.« Kognitionen ändern bedeutet zum Beispiel, dissonante Kognitionen zu entfernen. Also das Problem zu »vergessen« oder im Alltagstrott untergehen zu lassen. Es kann auch bedeuten, die Wertigkeit des Problems zu reduzieren. Dies geschieht auch, indem die Klimakatastrophe immer wieder in Aufzählungen mit anderen Krisen genannt wird. Das führt dazu, dass wir sie als gleichwertig in ihrer Drastik und Dringlichkeit einstufen wie andere Probleme. Und da es so schwierig ist, auf die Klimakrise zu reagieren, wenden wir uns lieber einfacheren, lösbaren Problemen zu.

Auch die Flucht ist in unserer Gesellschaft verankert, Nikendei (2020, S. 8) schrieb dazu:

»Doch abseits kanalisierter Ströme […] herrscht im Wesentlichen eines vor: Stille. Es herrscht die kollektive soziale Norm des Schweigens: Bis vor wenigen Jahren hat lediglich ein Viertel der Menschen nie den Klimawandel mit einem Gegenüber thematisiert oder diskutiert – das einflussreichste Narrativ des Klimawandels ist und bleibt (vorerst) das »Nicht-Narrativ der kollektiven Stille« (Marshall 2015), v. a. im Hinblick auf die resultierenden Handlungskonsequenzen. Diese kollektive Stille, die kollektive Tabuisierung hat deutliche Ähnlichkeiten zu dem anderen großen Tabu unserer Gesellschaft: unserem Umgang mit dem Älterwerden, mit Krankheit und Tod. Die Sterbephase in Bezug auf unsere »Hitzeerkrankung« ist am ehesten mit dem Stadium des »Nicht-wahrhaben-Wollens« nach Kübler-Ross (1971) treffend beschrieben. Dieser maladaptive Umgang mit der Endlichkeit des Individuums spiegelt sich in unserem gesellschaftlichen Umgang mit der Klimaproblematik.«

Die Analogie zum Umgang mit Tod und Sterben findet sich auch in der existenziellen Psychotherapie (siehe Exkurs: Klimakrise und existenzielle Psychotherapie, ▶ Kap. 6.3).

2.2.2 Erstarren

Das Erstarren wurde erst nachträglich zu den Angstreaktionen hinzugefügt. Ursprünglich beschrieb Walter Cannon (1929) nur Kampf und Flucht als körperliche Reaktionen auf Stress- und Angstsituationen. Erst Jeffrey A. Gray fügte als mögliche weitere Reaktion das Erstarren hinzu (Gray, 1990; Gray & McNaughton, 2003). Wenn die Hoffnung nicht besteht, dass Kämpfen oder Fliehen einen Erfolg hat, folgt das Erstarren, die Resignation und das Erdulden der Situation.

Bezogen auf die Klimaproblematik lässt sich das übertragen auf den Fall, dass die Vermeidung nicht mehr funktioniert, aber auch keine Selbstwirksamkeitserwartung besteht. Eine typische Aussage kann sein: »*Ich sehe natürlich, dass die Klimakrise eine Katastrophe ist, aber das Problem ist viel zu groß, daran sind so viele beteiligt. Was kann ich alleine schon ausrichten?*«. Solche Gedanken sind gekoppelt mit Gefühlen der Ohnmacht, der Hoffnungs- und Hilflosigkeit. Zwar sehe ich das Problem, aber da ich vermeintlich keine Handlungsmöglichkeiten habe, kann ich nichts weiter tun, als mich in mein Schicksal zu ergeben. Somit kann ich mich auch weiter so verhalten wie bisher, da eine Verhaltensänderung keinen sinnvollen oder nennenswerten Effekt hat. Dies kann erleichtern in Anbetracht der ansonsten schier überwältigenden Fülle an Veränderungsbedarf:

»Das Anerkennen der erlebten Ohnmacht […] kann die Spannung in Bezug auf den eigentlich brennenderen Handlungsdruck lindern. Die innere Konfliktspannung sinkt, wenn die erlebte Ohnmacht akzeptiert wird. Denn Resignation kann unmittelbar entlastend wirken, etwa beim Lesen von Nachrichten zur Klimakatastrophe.« (Kattermann, 2022, S. 285)

Erlernte Hilflosigkeit ist einer der Mechanismen, die ursprünglich genutzt wurden, um eine Depression zu erklären (Seligman & Maier, 1967). Spätere Untersuchungen haben jedoch ergeben, dass Passivität als Reaktion auf länger anhaltende Schocks oder andere aversive Ereignisse der Default-Modus ist (Maier & Seligman, 2016). Insofern ist Passivität als Reaktion auf die Klimakrise biologisch gesehen anscheinend normal. Überwunden werden kann diese Passivität mit Kontrollerleben. Eben dies ist aber aufgrund der oben genannten Problematik (multifaktoriell bedingt, unklare Zusammenhänge zwischen Ursache und Wirkung, langer Verlauf) schwer zu erlangen.

Das Erstarren oder Erdulden kann auch mit einer passiv-aggressiven Haltung verbunden sein und in ein »blame shifting« übergehen (Stoll-Kleemann, O'Riordan, Jaeger, 2001). Um das volle Ausmaß der Verantwortung nicht zu fühlen, kann ich die Verantwortung auf andere übertragen und mich darüber ärgern, dass diese nichts tun. Das kann sowohl individuell erfolgen als auch gesellschaftlich. Ich kann auf Andere in meinem Umfeld zeigen und sagen »Warum sollte ich vegan leben, wenn mein Nachbar fröhlich weiter Fleisch isst?«. Oder ich kann auf Andere in der Welt zeigen und sagen »Warum sollte ich auf meine Flugreise verzichten, wenn die Kardashians sich mit ihrem Privatjet überall hinbringen lassen?«. Und genau so können wir als Nation auf China zeigen und sagen »Warum noch mal sollen wir uns darum bemühen, Emissionen zu reduzieren?«, unter Berufung auf das Argument, dass China viel mehr Emissionen verursacht. Denn China hat 2019 10.17 Milliarden Tonnen CO_2 emittiert, Deutschland nur 0.7 Milliarden. Außer Acht gelassen wird dabei jedoch, dass China viel später damit begonnen hat, CO_2 zu emittieren, und somit in der Gesamtmenge ausgestoßenen CO_2s seit 1750 weit hinter Europa und den USA liegt (Ritchie, Roser & Rosado, 2020), eine fundamental größere Bevölkerung hat und ein großer Teil der Emissionen in unserem Konsumverhalten begründet ist.

2.2.3 Kampf

Es gibt zwei relevante und konträr agierende Arten des Kampfes gegen die Klimagefühle.

Widmen wir uns zuerst dem Kampf *gegen* die Klimaschutzbewegung, dem aus unserer Sicht maladaptiveren Kampf. Dies äußert sich zum Beispiel in einer aggressiven Abwertung der Klima-Aktivistinnen.

Die Terror Management Theorie erklärt, dass die Aktivierung des Todesbewusstseins (zum Beispiel durch die Erwähnung der Klimakrise und der ihr innewohnenden Lebensbedrohung) zu einer starken Angst führt, die bekämpft werden muss (Solomon, Greenberg, Pyszczynski, 1991). Und bekämpft wird sie durch die Verstärkung des eigenen Wertesystems und der eigenen sozialen Gruppe. Dies ist ein Akt der »symbolischen Überlebenssicherung«, wenn schon das reale Überleben gefährdet ist (Chmielewski, 2019).

Studien zeigen in der Tat, dass vermehrte Klimainformationen symbolische Verteidigungsstrategien bedingen können, so zum Beispiel mehr Ethnozentrismus, also Voreingenommenheit und Feindseligkeit gegenüber »Anderen« (Uhl, Klackl,

Hansen & Jonas, 2018). Bedrohung verstärkt die Normen oder Ideale, die mir persönlich und in meiner relevanten sozialen Gruppe wichtig sind (Jonas et al., 2014). Es bewirkt, dass die persönliche kulturelle Weltanschauung und der Selbstwert verteidigt werden. Menschen investieren dadurch mehr in ihre Glaubenssysteme, in soziale Identitäten und Ziele, die damit konform gehen. Dies tun sie, anstatt die tatsächliche Bedrohung zu bekämpfen, es reduziert jedoch die Angst vor der Bedrohung. Wenn also mein persönliches Wertesystem sich auf Selbstbestimmung, Profit und Wachstum bezieht, dann kann meine Reaktion auf mehr Klimainformationen mehr klimaschädliches Verhalten sein. Und da wir in einer materialistisch und individualistisch orientierten Gesellschaft leben, führt die Aktivierung des Todesbewusstseins tendenziell auch zu einer Erhöhung der Geldorientierung und zu mehr Gier und Rücksichtslosigkeit (Kasser & Sheldon, 2000; Sheldon & Kasser, 2008).

So kann mehr Information zur Klimakatastrophe bedingen, dass Menschen sich ihres eigenen unvermeidbaren Todes deutlicher bewusst sind, was kontraintuitiverweise zu mehr klimaschädlichem Verhalten führt, wenn die verteidigten Werte individuelle Freiheit und materieller Wachstum sind. Dies ist äußerst relevant für die Klimakommunikation, die Art der medialen Darstellung der Thematik, und auch für das Verständnis von vermeintlich paradoxem Verhalten im Umgang mit Klimafakten.

Eine andere Variante des Kampfes ist der Kampf gegen die Klimakrise, also Aktivismus oder Engagement im persönlichen oder politischen Bereich. Das erfordert ein Wahrnehmen der Situation als noch veränderbar und ein gewisses Maß an Selbstwirksamkeitserwartung und Kontrollerleben. Von allen hier genannten Reaktionen ist dies die Einzige, die tatsächlich an der realen Bedrohung ansetzt. Insofern kann man sie als funktional und existenziell gesund betrachten, da aktuell noch Handlungsoptionen bestehen. Sie ist ergo auch die Variante der Emotionsbewältigung, die wir grundsätzlich fördern möchten. Auch bei dieser Art des Kampfes kann man die Terror Management Theorie als Erklärung heranziehen. Denn auch hier wird Todesbewusstsein durch das Verteidigen eigener Werte bekämpft, jedoch sind die Werte eher orientiert an Umweltbewusstsein, Generativität und Fürsorge. Sich gemeinschaftlich zu engagieren kann dabei helfen, den unangenehmeren Gefühlen von Angst und Ohnmacht angenehmere gegenüberzustellen und dadurch die wahrgenommene Belastung zu reduzieren (Schwartz et al., 2022). Aktivismus kann selbstverständlich auch Spaß machen, ganz davon abgesehen, dass als Teil eines Kollektivs zu agieren und für die eigenen Werte einzustehen identitäts- und sinnstiftend sein kann (Weinrich, 2019). Ebenso sind Gemeinschaftsgefühl und persönliche Weiterentwicklung positive Zugewinne von Engagement, die als Ressourcen dienen und dadurch die aversive emotionale Aktivierung durch die existenzielle Bedrohung der Klimakrise erträglicher machen (ebd.).

Obwohl dieser Mechanismus des Kampfes per se adaptiv ist, droht die Gefahr des Überaktivismus und der Überforderung bis hin zum sogenannten Activist Burnout (siehe Definition zu Activist Burnout). Auch dies ist eine Möglichkeit, den unangenehmen Klimagefühlen zu begegnen und sie durch permanente Überbeschäftigung letzten Endes *nicht* zu fühlen. So kann auch der Kampf gegen die Klimakrise zu einer maladaptiven Reaktion werden, wie auch Macha und Adelmann beschreiben:

»Die zunächst hilfreiche und gesunde Reaktion des Aktivwerdens kann [...] leicht in einen Teufelskreis aus Aktivismus zur Bekämpfung des Hilflosigkeitserlebens und der damit einhergehenden Entdeckung weiterer Problemlagen, die wiederum hilflos fühlen lassen und Aktivismus erfordern, führen. Hierbei findet Coping nur auf Verhaltensebene statt. [...] Unangenehme Gefühle und deren zugrunde liegende Bedürfnisse können durch zunehmend exzessiven Aktivismus verdrängt werden.« (2022, S. 196)

Definition: Activist Burnout

Menschen, die sich zivilgesellschaftlich engagieren, haben ein gesteigertes Burnout-Risiko (Cox, 2011). Dies ist ein Phänomen, welches nicht nur die Klimabewegung betrifft, diese jedoch besonders, da die akute Dringlichkeit der Thematik so groß ist. Dabei können Symptome eine langanhaltende Erschöpfung sein, ebenso wie der Verlust von Motivation und Freude am Aktivismus, zum Teil gekoppelt mit Desillusionierung und Hoffnungslosigkeit. Meist ist dies ein schleichender Prozess, der lange unbeachtet bleibt. Activist Burnout hat verschiedene Ursachen: So liegt es in der Natur des Aktivismus, sich mit teils überwältigenden sozialen Problemen und Ungerechtigkeiten auseinanderzusetzen. Die permanente Auseinandersetzung löst per se schon unangenehme Gefühle aus, wie Ärger, Traurigkeit, Überforderung und Hilflosigkeit, jedoch führt sie zusätzlich noch zu einer wahrgenommenen Isolation und Druck (Maslach & Gomes, 2006). Die Kombination aus der prosozialen Handlungsmotivation und der Motivation, die unangenehmen ausgelösten Gefühle zu vermeiden, ist ein schwieriger Balanceakt (Gerber & Anaki, 2021). Unrealistische Erwartungen oder unerreichbar erscheinende Ziele können das Burnout-Risiko verstärken.

Fallbeispiel

Eine junge Aktivistin (18 Jahre) berichtet, drei Jahre in einer Klimabewegung sehr aktiv gewesen zu sein. Neben der Schule habe sie jede freie Minute damit verbracht. Sie habe Phasen gehabt, die sie folgendermaßen beschrieb: »Alles kam mir sinnlos vor, was nichts mit dem Ziel zu tun hatte, gegen die Klimakrise anzukämpfen. Schule: sinnlos. Hobbies: sinnlos. Sich um sich selbst kümmern: sinnlos. Ich habe mir überhaupt nicht mehr erlaubt, Spaß zu haben oder unbeschwert zu sein. Ich dachte, ich darf das nicht. Ich musste immer aktiv sein, immer was tun. Und trotzdem hat es sich manchmal ganz hoffnungslos angefühlt, so ewige Sisyphos-Arbeit.« Sie sei depressiv geworden, habe sich niedergeschlagen, freudlos und antriebslos gefühlt. Dafür habe sie sich wiederum schuldig gefühlt und sich gezwungen, weiterzumachen. Sie habe schließlich körperliche Symptome entwickelt, wiederkehrende Magenbeschwerden, anhaltende Müdigkeit und Erschöpfung und häufige Infektionen. Von Freundinnen außerhalb der Klimabewegung und ihrer Familie habe sie die Rückmeldung bekommen, sie sei »fanatisch« und »übertreibe«. Sie habe sich unverstanden und isoliert gefühlt und sich zurückgezogen. Dadurch habe es jedoch auch immer weniger Ausgleich zum Aktivismus gegeben.

Die drei Mechanismen Fight, Flight und Freeze können selbstverständlich immer wieder ineinander übergehen und schließen sich nicht aus. Vor allem aus dem aktiven Kampf gibt es immer wieder einen »Rückfall« in das Erstarren oder Vermeiden (»Ich will auch einfach mal meine Ruhe vor dem Thema haben«). Dies kann auch aus der Unmöglichkeit heraus entstehen, die existenziellen Ängste dauerhaft auszuhalten. Die Gefühle aushaltbar zu machen, um sie anhaltend adaptiv zu bewältigen, ist wiederum das Ziel von Klimaresilienz (▶ Kap. 5.2).

2.2.4 Therapeutische Relevanz und emotionaler Bezugsrahmen

Das Erkennen und Aufzeigen dieser Bewältigungsmechanismen in Bezug auf Klimagefühle ist für die Psychotherapie relevant. Je nachdem welche Mechanismen bei der Patientin vorliegen, können verschiedene Techniken oder Strategien hilfreich sein, die zu einem gesunden, beziehungsweise klimaresilienten Umgang mit der Bedrohung führen. Die Informationen können psychoedukativ genutzt werden, um Verständnis für die Tendenz zur Vermeidung zu schaffen und somit zum Beispiel Schuldgefühle zu vermindern. Und es kann auch in ein persönliches Störungsmodell integriert werden. Denn die Wahl des Mechanismus findet innerhalb des persönlichen Bezugsrahmens statt. Sie hängt zusammen mit den typischen Strategien zur Emotionsregulation in anderen Bereichen und ist somit eng gekoppelt an Grundannahmen und emotionale Schemata. So divers wie Menschen sind, so divers können auch die emotionalen Reaktionen auf die Klimakrise sein. Abhängig von den biographischen Erfahrungen erleben manche Menschen stärker Angst, während andere vermehrt zu Ärger neigen.

An dieser Stelle wollen wir uns deshalb kurz noch einmal allgemein Emotionen und emotionalen Schemata widmen. Dabei orientieren wir uns an der Emotionsfokussierten Therapie nach Greenberg (Greenberg & Safran, 1989) und der Schulen übergreifenden emotionsbezogenen Psychotherapie (Jacob, 2021; C.-H. Lammers & Lammers, 2007).

Gefühle sind überlebenswichtig, denn sie liefern schnelle Informationen über Werte und wie diese in der aktuellen Situation befriedigt oder eben frustriert werden. Damit beinhalten sie unsere Wünsche und Bedürfnisse und können uns aufzeigen, was wichtig und bedeutsam ist. Emotionen sind gekoppelt mit Handlungsimpulsen, sie sind dadurch wegweisend für unser Verhalten. Ohne Emotion gäbe es keine Handlungsmotivation.

Im Laufe des Lebens werden bestimmte Erfahrungen geprägt bezüglich bestimmter Emotionen und Bedürfnisse und des Umgangs damit. Dies sind häufig überdauernde Muster, auch emotionale Schemata genannt. Sie werden in bestimmten Situationen durch Hinweisreize aktiviert und prägen dann das Erleben und Verhalten. Dabei können sie, bei negativen Lernerfahrungen, dysfunktional und maladaptiv sein, also in der aktuellen Situation qualitativ oder quantitativ unangemessen und der Bedürfnisbefriedigung nicht dienlich.

Fallbeispiel

Frau T., 21 Jahre alt, wurde als Kind bei Ärger immer auf ihr Zimmer geschickt mit dem Vermerk »Du kommst erst wieder raus, wenn du wieder lieb bist«. Danach musste sie jedes Mal Reue zeigen, damit ihre Eltern wieder mit ihr sprachen. Sie wurde sonst tagelang mit Missachtung bestraft. Sie lernte: »Wenn ich mich ärgere, wird mir Zuneigung entzogen.« Als erwachsene Frau traut sie sich nicht mehr, ihren Ärger zu zeigen und erlebt automatisch Angst und Schuldgefühle, wenn sie Ärger empfindet. Sie zeigt dann unterwürfiges Verhalten, statt sich zur Wehr zu setzen. Dies ist maladaptiv, denn Frau T. kann dadurch keine Grenzen setzen und erlebt immer wieder, dass andere sie ausnutzen oder schlecht behandeln. In ihrer Klima-Initiative gibt es wiederkehrend Konflikte, die sie schwer aushalten kann. Sie spielt mit dem Gedanken, ganz aus dem Aktivismus auszusteigen, um die immer wieder angespannte Stimmung in der Gruppe nicht mehr ertragen zu müssen. Auch übernimmt sie häufig Aufgaben, die sie eigentlich überfordern, traut sich jedoch nicht, »Nein« zu sagen, um keinen Ärger auf sich zu ziehen. Zwar ist sie somit im aktiven Kampf, jedoch aufgrund ihrer Grundannahmen auch der Gefahr des Activist Burnout ausgesetzt.

Man kann unterscheiden zwischen primären und sekundären Emotionen. Dabei sind primäre Emotionen unmittelbare Reaktionen auf einen Stimulus. Diese können adaptiv oder maladaptiv sein. Adaptiv ist z. B. Traurigkeit bei einem Verlust oder Ärger bei einer Grenzverletzung. Maladaptive primäre Emotionen resultieren wiederum häufig aus negativen Lernerfahrungen, typische Beispiele sind Scham (»Ich bin schlecht und nicht liebenswert.«), Traurigkeit (»Ich bin einsam und werde allein gelassen.«) und Angst (»Ich bin schwach und kann mich nicht beschützen.«). Häufig haben Personen bezüglich dieser Emotionen eine geringe Emotionstoleranz. Deswegen gibt es sekundäre Emotionen: Sie überlagern die primäre Emotion und sind damit eine Art der emotionsvermeidenden Bewältigung. Dies führt dann dazu, dass die primäre Emotion nur noch ganz wenig oder gar nicht mehr wahrgenommen wird. Problematisch ist dies, da die sekundäre Emotion für die Befriedigung des zugrundeliegenden Bedürfnisses nicht hilfreich ist.

Fallbeispiel

Herr K. wurde als Kind viele Jahr schwer gemobbt. Dies löste bei ihm primär starke Scham aus: »Ich bin nicht liebenswert, so wie ich bin. Irgendwas ist anders bei mir, ich bin falsch.« Um dieses unangenehme Gefühl zu bewältigen, entwickelte er als sekundäre Emotion Ärger, was viel leichter auszuhalten war. Bei einer Gruppensitzung wurde Herr K. von einem anderen Gruppenmitglied nach einem Inlandsflug auf die CO^2-Emissionen vom Fliegen hingewiesen. Seine primäre Emotion, Scham, wurde direkt mit Ärger überlagert, sodass er die Scham gar nicht mehr wahrnahm. Er reagierte mit einem für die Anderen unangemessen Angriff: »Als hättest du keine Schwächen! Jetzt tu mal nicht so, als wärst du was Besseres. Total überheblich von dir. Das nervt voll an euch Klimaleuten, immer wollt ihr uns alles verbieten. Ökofaschismus ist das!« Dies führte zu einer Entfremdung in der Gruppe und behinderte das Bedürfnis, welches durch die Scham repräsentiert war, nämlich Teil eines sozialen Systems zu sein und dabei anerkannt und gemocht zu werden. Als Bewältigungsmechanismus findet sich hier einerseits der aggressive Kampf, ein Verteidigen eigener Werte (individuelle Freiheit) aber auch ein »blame-shifting«.

Selbsterfahrungsfragen

Nehmen Sie sich einen Moment Zeit, um Ihre eigenen Emotionen zum Thema Klimakrise wahrzunehmen.

1. Welche Gefühle treten bei Ihnen auf, wenn Sie an die Klimakrise denken? In welcher Intensität zwischen 0 und 10?

Scham	0	1	2	3	4	5	6	7	8	9	10
Ärger	0	1	2	3	4	5	6	7	8	9	10
Hilflosigkeit	0	1	2	3	4	5	6	7	8	9	10
Angst	0	1	2	3	4	5	6	7	8	9	10
Traurigkeit	0	1	2	3	4	5	6	7	8	9	10
Hoffnung	0	1	2	3	4	5	6	7	8	9	10
Andere Emotionen	0	1	2	3	4	5	6	7	8	9	10

2. Können Sie differenzieren, ob es eine primäre und eine sekundäre Emotion?
3. In welchen Bewältigungsmechanismen erkennen Sie sich aktuell wieder?
   a. Flucht
   b. Erstarren
   c. Kampf
4. Was sind Ihre hauptsächlichen Methoden, mit den aversiven Gefühlen umzugehen, die durch Klimainformationen ausgelöst werden?

Exkurs: Klimakrise und Klimakommunikation

Expertinneninterview mit Constance Nennewitz

Zur Person: Constance Nennewitz ist Psychologische Psychotherapeutin, Coach für Klimakommunikation und engagiert sich ehrenamtlich bei Psychologists/Psychotherapists for Future.

Es folgt ein Gespräch zwischen Constance Nennewitz (N.) und Christine Steinmetz (S.).

S.: Welche Erkenntnisse gibt es bezüglich der Akzeptanz von Klimaschutz in der Bevölkerung?
N.: Es wird definitiv unterschätzt, wie verbreitet die Sorge um die Folgen der Klimakrise ist und wie groß die Unterstützung für konsequenten Klimaschutz

wäre. Auch Politiker:innen und Entscheidungsträger:innen in Unternehmen und Organisationen unterschätzen das oft. Dazu trägt vermutlich das Phänomen »Die wenigen Lauten und die vielen Leisen« bei, also dass sich eine Minderheit lautstark gegen Klimaschutz äußert und andere sich nicht trauen, etwas dagegen zu sagen, um nicht als Außenseiter dazustehen. Studien belegen aber ganz eindeutig, dass der Rückhalt in der Bevölkerung für Klimaschutz sehr groß wäre. Ich verweise da z. B. auf die Naturbewusstseinsstudie 2021 des Bundesamtes für Naturschutz, die Ergebnisse des Bürgerrats Klima von 2021 und die PACE-Studie der Universität Erfurt, welche seit 2021 regelmäßig repräsentative Befragungen durchführt. Bestimmte Medien beeinträchtigen allerdings durch ihre vehemente Negativdarstellung von Klimaschutzmaßnahmen diese an sich gute öffentliche Akzeptanz, wenn es konkret wird.

S.: Und welche Kompetenzen und Strategien sind hilfreich im Rahmen der Klimakommunikation?

N.: Es braucht auf jeden Fall Flexibilität und einen Pool an Strategien, um auf die jeweilige Situation, Ausgangslage, Zielgruppe oder Gesprächsperson einzugehen, denn es gibt nicht »die eine richtige« Klimakommunikation. Zunächst einmal müssen wir herausfinden, inwiefern ein angemessenes Problembewusstsein über die Folgen und Ursachen der Erderhitzung, der gestiegenen Emissionen und über die Dringlichkeit zum Handeln überhaupt besteht. Gegebenenfalls ist dann Aufklärungsarbeit zu leisten. Diese sollte mithilfe von aktuellen oder lokalen Beispielen, Bildern oder Videos so kommuniziert werden, dass ein Mittelmaß an Aktivierung, sprich »angemessener Sorge« erreicht wird. Zu starke Stressgefühle wären nicht hilfreich, abstrakte Grafiken wiederum auch nicht. Gleichzeitig sollten unbedingt immer Informationen über Handlungsmöglichkeiten vermittelt werden, damit erkennbar wird, wie effektiv gegengesteuert werden kann – was zum aktuellen Zeitpunkt aus klimawissenschaftlicher Sicht ja auch noch möglich ist. Schließlich brauchen wir ein Mindestmaß an Hoffnung, um aktiv zu werden. Persönliche Geschichten oder Best-Practise-Beispiele können da nützlich sein, sowie das Aufzeigen von Vorteilen und Nutzen. Wir sollten außerdem davon absehen, das Gegenüber oder das Publikum mit einer Vielzahl an Fakten zu überschütten, sondern uns auf das konzentrieren, was für die Zielgruppe oder Person speziell bedeutsam und relevant ist. Es spielt auch eine wichtige Rolle, ob der »Klimabotschafter« von der Zielgruppe oder Person anerkannt wird. Und gutes Timing.

S.: Was würden Sie Menschen raten, die Schwierigkeiten im Umgang mit Personen haben, die die Klimakrise und ihre Auswirkungen leugnen?

N.: Da bietet es sich an, sich innerlich etwas zurückzulehnen, auch wenn es schwerfällt, denn in die sachliche Debatte zu gehen, wird vermutlich nicht funktionieren. Denken wir in solchen Momenten daran, dass es erstmal in der Natur der Sache liegt, dass Menschen die Bedrohung durch den Klimawandel nicht angemessen erkennen können oder wollen. Wir sollten da keine Vorwürfe machen, denn dann schottet sich das Gegenüber noch mehr ab. Stattdessen könnten wir fragen, wovor er oder sie eigentlich Angst hat und dann zuhören! Womöglich gibt es nachvollziehbare Sorgen oder biografische Erfahrungen, die da vermischt werden und wofür wir durchaus Verständnis äußern könnten. Womöglich fühlt sich das Gegenüber irgendwie schuldig und kann davon profitieren, wenn wir offenbaren, dass wir in puncto Klimafreundlichkeit auch nicht perfekt sind. Oder wir können uns vielleicht darauf einigen, dass uns beiden eine gute Zukunft für unsere Kinder oder z. B. der Erhalt der Natur oder Gesundheit wichtig ist. Vielleicht kommt so eine Gesprächsatmosphäre zustande, bei der auch uns zugehört wird. Wenn das nicht gelingt, sollten wir keine weitere Energie verschwenden. Echte Leugner gibt es übrigens viel seltener als man denkt. Viel wahrscheinlicher ist, dass Menschen verunsichert oder hilflos sind, Wissensdefizite haben oder übliche Verzögerungsargumente aufgeschnappt haben.

S.: Welche »Verzögerungsargumente« meinen Sie?

N.: Nun, es gibt ganz klassische »Diskurse der Klimaschutzverzögerung«, da heute angesichts der schon zu spürenden Auswirkungen kaum mehr geleugnet werden kann, dass es eine Klimakrise gibt und wir eine Transformation brauchen. Der Sinn dieser Verzögerungsargumente besteht darin, quasi »auf den letzten Metern« Klimaschutzmaßnahmen zu bremsen. Da gibt es sehr viele Standardargumente, denen man immer wieder begegnet und die sich grob in vier Gruppen einteilen lassen: »Nicht ich, nicht jetzt, nicht so, zu spät«. Oder anders ausgedrückt: das Abschieben von Verantwortung auf andere oder Individuen, das Ablehnen von echten Umwälzungen und Propagieren von fossilen oder technischen Scheinlösungen oder hohe Absichtserklärungen. Mitunter wird auch vermittelt, dass Klimaschutz zu viele Nachteile hätte oder dass man erst auf die perfekte Lösung warten müsse. Oder es wird behauptet, dass es eh zu spät sei und man deshalb nichts Größeres unternehmen müsse. Das weitere Arsenal an Desinformationsstrategien aufzuführen, würde jetzt wohl den Rahmen sprengen.

S.: Woher stammen denn diese Argumente?

N.: Götze und Joeres beschreiben in ihrem Buch »Die Klimaschmutzlobby«, dass sie bei ihren Recherchen drei Gruppen ausfindig gemacht haben, die solche Fehlinformationen streuen. Das sind zum einen die wenigen echten Leugner, Skeptiker oder Verschwörungstheoretiker, die seit vielen Jahren und mithilfe von eigenen Verbänden, Denkfabriken und Auftragsstudien Zweifel und Verunsicherung säen. Zum Zweiten gibt es rechtsextreme oder rechtspopulistische Parteien und Medienhäuser, die so etwas aufgreifen und verbreiten, um die Leute aufzuhetzen und Ängste zu schüren. Und zum Dritten gibt es die vielen sogenannten »Bremser«, also mächtige Entscheidungsträger:innen in der Politik, der fossilen Industrie und in Verbänden, die behaupten, sie befürworten Klimaschutz, tun aber meist das Gegenteil. Sie möchten ihre Interessen durchsetzen, also oftmals kurzfristige Profitinteressen, Machterhalt oder Kampf um Wählerstimmen. Nicht umsonst sind in Berlin und Brüssel Scharen von Lobbyisten aktiv. Ihre Verzögerungsargumente werden dann über die Medien verbreitet. Und die Leute teilen in den sozialen Medien viel häufiger Botschaften, die Angst, Wut oder Aufregung verursachen, wohingegen fundierte, komplexere, sachliche Beiträge oder positive Botschaften

	eher untergehen. Gerade die Medien leben aber von der Aufmerksamkeit der Menschen, Verkaufszahlen und Werbeeinnahmen. Das heißt, mit dieser Art von »Empörungsindustrie« lässt sich leider zu viel Geld verdienen.
S.:	Und was können wir da tun?
N.:	Es ist hilfreich, die Leute darüber aufzuklären, dass und welche Verzögerungs- oder Desinformationsstrategien es gibt und wozu sie da sind. Das würde die Empfänglichkeit dafür reduzieren und danach können wir inhaltlich besser gegenargumentieren. Günstig finde ich zu vermitteln, dass an manchen Argumenten ja vielleicht ein Körnchen Wahrheit dran ist, aber mit Blick auf die Kipppunkte im Klimasystem und das geringe CO^2-Restbudget die Zeit wegläuft und dass es doch darum geht, zu schützen, was uns lieb und teuer ist. Was will ich für ein Mensch gewesen sein, wenn meine Kinder oder Enkel mich fragen »Und was hast du damals gemacht?«. Zum anderen wären natürlich eine Regulierung der medialen »Empörungsindustrie« und mehr Transparenz in Bezug auf Lobbyismus in der Politik als systemische Lösungen noch viel wirksamer. Was wir selbst tun können, ist, solche Bemühungen z. B. durch Petitionen zu unterstützen.
S.:	Fassen Sie bitte einmal kurz zusammen, was aus Ihrer Sicht besonders wichtig ist, um über die Klimakrise ins Gespräch zu kommen und Vermeidung aufzubrechen?
N.:	Ich würde sagen, psychologische Aspekte und gute Klimakommunikation sollten auf jeden Fall bei jedem Projekt, jeder Klimaschutzmaßnahme und in jedem Gespräch mitgedacht werden. Zum anderen braucht es aber auch auf struktureller Ebene bessere Rahmenbedingungen. Politik und Wirtschaft sollten begreifen, dass Klimaschutz letztlich in ihrem und unser aller Interesse ist und die Medien sollten sich ihrer immensen Verantwortung zur Lösung oder Nichtlösung dieser Menschheitsaufgabe bewusster werden. Auch mehr soziale Gerechtigkeit generell und in der Ausgestaltung von Klimaschutzmaßnahmen wäre nötig, damit es weniger Angriffsfläche für Verzögerungsargumente gibt. Berechtigte Sorgen oder Hinweise von Bürger:innen oder Mitarbeitenden sollten außerdem ernst genommen und die Leute bei Veränderungsprozessen einbezogen werden. Und schließlich können wir uns immer wieder vor Augen führen: Im Prinzip ist die Sorge um unsere Zukunft und die Zustimmung zu Klimaschutz viel größer, als allgemein angenommen oder behauptet wird.

3 Psychische Auswirkungen der Klimakrise

> **Zusammenfassung**
>
> Die Klimakrise hat vielfältige negative Auswirkungen auf die psychische Gesundheit. Dabei gibt es direkte Folgen, zum Beispiel durch das potenziell traumatische Miterleben von Naturkatastrophen. Ebenso können langfristige Wetterereignissen wie Dürren und Hitze negative psychische Folgen haben. Aber auch die existenzielle Bedrohung der Klimakatastrophe kann zu diversen aversiven Gefühlen wie Angst, Wut, Scham und Ohnmacht führen. Trotz der Angemessenheit der Klimagefühle können sie in ihrer Dauerhaftigkeit und Intensität immer wieder belastend sein und als psychologischer Stressor im Alltag zu anderem Stress hinzukommen, was wiederum weitere psychische Störungen wahrscheinlicher macht. Dies ist besonders problematisch bei Menschen, die aufgrund fehlender Resilienzfaktoren oder anderer Vulnerabilitäten, ein erhöhtes Risiko für psychische Erkrankungen haben.

»Der Klimawandel wird zwangsläufig immer mehr in den therapeutischen Raum eintreten – die mediale Präsenz, die zunehmenden geopolitischen Spannungen sowie die immer häufiger zutage tretende schockierende Wirklichkeit der Klima-, Flucht- und schlimmstenfalls Kriegsrealität mit ihren zunehmend spürbaren Auswirkungen auf unsere Alltagswirklichkeit werden dem Thema den Weg dorthin bahnen.« (Nikendei, 2020, S. 11)

Seit den 2000ern sind zahlreiche Paper veröffentlicht worden, die sich mit den psychischen Folgen der Klimakrise auseinandersetzen. Dabei unterscheiden die meisten indirekte und direkte Folgen (Clayton, Manning, Speiser & Hill, 2021; Doherty & Clayton, 2011; Palinkas & Wong, 2020). Direkte Folgen stehen im Zusammenhang mit den physikalischen und traumatischen Erlebnissen, die mit der Klimakrise assoziiert sind. Darunter gefasst sind die Folgen von schweren Wetterereignissen und Naturkatastrophen, ebenso wie die Folgen langfristiger Entwicklungen wie Landabtragungen und Wüstenbildungen. Mit indirekten Folgen wiederum sind die Gefühle von Angst, Hilflosigkeit und Ohnmacht gemeint, welche mit der Klimakatastrophe einhergehen. Wir möchten hier nur einen kurzen Überblick geben, um die klinische Relevanz für uns als Psychotherapeutinnen aufzuzeigen. In meiner persönlichen klinischen Erfahrung ist die Klimakrise bisher selten das Hauptthema der Therapie gewesen. Zunehmend ist es jedoch zumindest ein Nebenschauplatz. So beschreiben gerade während des trockenen und übermäßig heißen Sommers viele Patientinnen nicht nur die körperliche Anstrengung durch die Hitze, sondern auch Ängste darüber, wie die Zukunft wird, wenn die Sommer anhaltend heißer werden. Auch die mediale Teilnahme an Katastrophen wie Fluten oder Waldbrände löst Ängste aus (vgl. auch Nikendei, 2020, siehe Zitat zu Kapitelbeginn).

3.1 Auswirkungen von Naturkatastrophen und längerfristigen Klimaereignissen

Zahlreiche Studien belegen steigende Gesundheitsrisiken, die mit der Klimakrise zusammenhängen (Walinski et al., 2023; Watts et al., 2019). Neben den körperlichen Belastungen gibt es direkte psychische Folgen der Klimakrise, sowohl von kurz- wie auch von langfristigen klimatischen Veränderungen.

Es gibt verschiedene Arten von Naturkatastrophen und Extremwetterereignissen, welche durch die Klimakrise zunehmen. Dies sind zum Beispiel Flutkatastrophen, Dürren und weitflächige Brände. Diese Ereignisse mitzuerleben, bedeutet eine Belastung für die psychische Gesundheit. Das Miterleben einer solchen Katastrophe ist häufig mit Todesängsten und Verlust von Angehörigen verbunden, aber auch mit dem Verlust von Sicherheit und Lebensraum, was wiederum existenzielle Ängste im Nachgang bedingt. Es verwundert sicherlich nicht, dass auch von psychischen Folgen vorwiegend sowieso vulnerable Gruppen betroffen sind: Kinder, ältere Menschen, chronisch Kranke oder Menschen mit einem niedrigeren sozioökonomischen Status (Cianconi, Betrò & Janiri, 2020).

Zahlreiche Studien wurden in Regionen durchgeführt, die von Extremwetterereignissen betroffen waren. *Flutkatastrophen* erhöhen signifikant die Wahrscheinlichkeit von neu auftretenden psychischen Erkrankungen, darunter Depressionen, Angsterkrankungen und posttraumatischen Belastungsstörungen (Ahern, Kovats, Wilkinson, Few & Matthies, 2005).

Dürren können auf verschiedene Weisen die mentale Gesundheit negativ beeinflussen. Dabei sind vor allem Menschen betroffen, die in der Landwirtschaft arbeiten, da mit anhaltender Trockenheit Ernte- und Einnahmeeinbußen einhergehen, welche wiederum finanzielle Einschränkungen oder Arbeitslosigkeit zur Folge haben. Die Veränderungen bewirken, dass bisherige Berufs- und Lebenswelten verändert werden müssen, vom Jobwechsel zur unfreiwilligen Migration. Das dadurch erhöhte Stresserleben verursacht Zukunftsängste, aber auch Scham, soziale Isolation und depressive Symptome (Vins et al., 2015).

Auch *Hitze* kann vielfältige Einflüsse haben. Gut untersucht ist der Anstieg von Aggressionen durch Hitze, und damit auch der Anstieg von aggressivem Verhalten und gewalttätigen Straftaten (Anderson, 2001; Miles-Novelo & Anderson, 2019). Sowohl kurzfristige Hitzeperioden als auch ein langfristiger Temperaturanstieg haben negative mentale Folgen auf die Allgemeinbevölkerung (Obradovich, Migliorini, Paulus & Rahwan 2018). Dabei ist eine erhöhte Luftfeuchtigkeit ein weiterer Stressfaktor (Ding, Berry & Bennett, 2016). Ein Anstieg der Temperatur betrifft aus verschiedenen Gründen vermehrt vulnerable Gruppen – so haben zum Beispiel Menschen mit geringerem Einkommen weniger Möglichkeiten, sich durch Klimatisierung vor Hitze zu schützen. Im globalen Süden ist Hitze zudem häufig ein noch dringlicheres Problem, wie an der Hitzewelle in Indien mit Temperaturen über 50 °C deutlich wird. Aber auch psychisch vulnerable Menschen sind mehr betroffen. Ein Temperaturanstieg erhöht zum Beispiel das Mortalitätsrisiko für Menschen mit Psychosen, Demenz und Substanzmissbrauch (Page, Hajat, Kovat & Howard, 2012).

Eine weitere mentale Gesundheitsfolge des Klimawandels ist gekoppelt an die Zunahme *physischer Erkrankungen.* Psychische Gesundheit hängt untrennbar mit dem körperlichen Wohlbefinden zusammen. Zur Zunahme von körperlichen Folgen der Klimakrise wiederum gibt es ausreichend Evidenz. Nicht nur kardiovaskuläre Erkrankungen, sondern auch Atemwegserkrankungen, ebenso wie die Folgen von Mangelernährung aufgrund von Ernteausfällen und Verletzungen aufgrund von Katastrophen können mit der klimatischen Veränderung im Zusammenhang stehen. Eine Verschlechterung des körperlichen Wohlbefindens kann psychischen Stress zur Folge haben, ebenso wie Adaptationsprobleme, selbst wenn keine manifeste psychische Erkrankung auftritt (Padhy et al., 2015).

Eine nicht zu unterschätzende langfristige Auswirkung der Klimakrise ist die zunehmende *Migration*. Weltweit verändern sich Lebensbedingungen und Ökosysteme, was ein Weiterleben wie bisher für die Menschen vor Ort unmöglich macht. Auch der Verlust von Lebensraum durch Überflutungen oder Waldbrände kann unfreiwillige Flucht verursachen. Ein relevanter weiterer Grund für die vermehrten Fluchtbewegungen ist die Zunahme von gewaltvollen Konflikten, zum Beispiel aufgrund von Nahrungsmittelknappheit und Ernte-Unsicherheit (Crost, Duquennois, Felter & Rees, 2018; Walinski et al., 2023). Laut dem hohem Flüchtlingskommissar der Vereinten Nationen sind seit 2008 mehr als 20 Millionen Menschen aufgrund von kurz- und langfristigen Wetterereignissen (Stürme, Brände, Überschwemmungen, aber auch Dürren und Landabtragungen) auf der Flucht.

Und Flucht bedeutet wiederum eine massive Zunahme von psychischer Belastung (Bhugra, 2004). Dies reicht von kurzfristigem Stresserleben zu psychiatrischen Diagnosen wie Schizophrenie und erhöhtem Suizidrisiko (Carta, Bernal, Hardoy & Haro-Abad, 2005). Zudem lösen Flüchtlingswellen erfahrungsgemäß weitere Konflikte aus, da um Ressourcen konkurriert wird, so zum Beispiel um Nahrung und Wohnraum, aber auch um soziale Absicherung und den Zugang zum Gesundheitswesen.

3.2 Psychische Folgen durch antizipierte Folgen der Klimakrise

Neben den direkten Folgen von veränderten Wetterumständen gibt es auch indirekte Folgen der Klimakrise, und zwar eine zunehmende emotionale Belastung durch den Klimawandel und antizipierte Folgen (z. B. Doherty & Clayton, 2011; Fritze, Blashki, Burke & Wiseman, 2008; Ogunbode et al., 2021). Wenn die Klimakrise und ihre Folgen ins Bewusstsein drängen, kann der Klimawandel eine starke Belastung für die psychische Gesundheit darstellen (Palinkas & Wong, 2020). Das volle Ausmaß der Klimakrise und ihre sozialen und ökologischen Folgen zu verstehen, bedeutet naturgemäß emotionalen Distress.

Es leuchtet sicherlich ein, dass grundsätzlich Menschen, die auch unter potenziellen direkten Folgen leiden, auch mehr von Klimagefühlen belastet sind (Ingle & Mikulewicz, 2020).

Fallbeispiel

Herr B., 34 Jahre alt, ist wissenschaftlicher Mitarbeiter an einem deutschen Forschungsinstitut und kommt ursprünglich aus den Philippinen. Seine Familie lebt dort auch noch. Er berichtete in der Therapie von starken Ängsten, die sich auf die Folgen der Klimakrise für seine Familie und Freunde »zuhause« beziehen. Jeden Tag telefoniere er mit seinen Eltern, um sicherzustellen, dass es ihnen gut gehe. Er mache sich immer Sorgen, dass etwas passiere. Da er sich in seiner Forschung mit Wasser befasse, sei der Hauptinhalt seiner Sorgen eine mögliche Trinkwasserknappheit auf den Philippinen, zu der er auch schon zahlreiche Artikel gelesen habe, aber auch über Überschwemmungen, Dürreperioden und bewaffnete Konflikte aufgrund von Nahrungsmittelknappheit sorge er sich. Generell lese er auch abseits seiner Arbeit dauernd mediale Berichte und Paper über die Auswirkungen der Klimakrise, er betreibe sogenanntes »doomscrolling«. Davon könne er sehr schlecht Abstand nehmen oder sein Verhalten begrenzen, obwohl er wisse, dass es ihm nach dem Lesen schlecht gehen werde. Er leide unter körperlichen Stresssymptomen, wie Herzrasen und Magenbeschwerden. Ihn überkomme manchmal eine große Hoffnungslosigkeit bezüglich der Klimakrise, dann fühle er sich hilflos und erlebe seine Arbeit und alle seine Bemühungen als sinnlos. Zuletzt habe er sich so gefühlt, als er den neuesten IPCC-Bericht gelesen habe, der ihn das ganze Wochenende beschäftigt habe.

Aber auch Menschen, die noch keine direkten Auswirkungen spüren, leiden unter den absehbaren Folgen. Klimaangst ist dabei vor allem bei jüngeren Menschen aufzufinden und mit depressiven und Angst-Symptomen assoziiert (Clayton & Karazsia, 2020; Majeed & Lee, 2017). Insbesondere junge Menschen sind auch von realen Auswirkungen des Klimawandels betroffen, zumal die meisten Vorhersagen von schwerwiegenden Veränderungen in den nächsten 20–30 Jahren ausgehen. Dann würden die jetzt jungen Menschen mitten im Leben stehen und idealerweise auch noch einige Jahre vor sich haben, von den Folgen für die eigenen Kinder mal ganz abgesehen. Vor allem jüngere Menschen machen dementsprechend in Gruppierungen wie Fridays 4 Future, Extinction Rebellion und Die letzte Generation auf sich aufmerksam und protestieren gegen die Bedrohung ihrer Lebensgrundlagen. Dabei nutzen sie zum Teil immer radikalere Mittel, wie sich auf Straßen festzukleben oder sich in ein Stadion abzuseilen, die teilweise selbstgefährdend sind. Das zeigt deutlich, in welchem Zustand der Verzweiflung sich Einige befinden. Die über

Jahrzehnte angesammelte Erfahrung, mit weniger deutlichen Mitteln nichts zu erreichen, resultiert in teilweise überwältigend wirkender Ohnmacht und Wut.

Aber auch bei denen, die ihre Gefühle nicht in dieser Drastik ausdrücken, löst die Wahrnehmung der Klimakrise als globale und existenzielle Bedrohung eine ganze Palette von Gefühlen aus: Angst, Verzweiflung, Hilflosigkeit, Scham, Wut (z.B. Hickman et al., 2021). Das Wissen darum, dass die Menschheit möglicherweise dem Untergang geweiht ist, führt natürlich zu starken Ängsten und potenziell psychischen Symptomen mit teilweise hohem Leidensdruck. Inhalte der Ängste sind z.B. der Verlust einer lebenswerten Zukunft oder der Verlust der Zukunft für die eigenen Kinder. Zudem hängt die Belastung mit der wahrgenommenen Untätigkeit der politisch Verantwortlichen zusammen.

Die Befürchtungen und Ängste finden auch Eingang in die Behandlungsräume der Psychotherapie: Bei Befragungen des Royal College of Psychiatrists gaben mehr als die Hälfte der Kinder- und Jugendpsychotherapeutinnen (ca. 57%) in England an, Anzeichen für klimabedingten Stress und negative Emotionen bei Patientinnen zu beobachten. Auch Budziszewska und Kalwak (2022) zeigen auf, dass klimaassoziierte Gefühle mit psychischen Symptomen assoziiert sind, darunter depressive Symptome, aber auch Angst- und PTBS-Symptome. Mehrere weitere Studien finden einen negativen Zusammenhang zwischen klimabezogenen Sorgen und mentaler Gesundheit (Reyes, Carmen, Luminarias, Mangulabnan & Ogunbode, 2021; Searle & Gow, 2010). Disstress bezogen auf die Klimakrise scheint zudem begünstigt zu werden durch die Zugehörigkeit zum weiblichen Geschlecht, einem Alter unter 35, einer umweltfreundlichen Orientierung und verschiedener Persönlichkeitsmerkmale, wie Ängstlichkeit bezogen auf die Zukunft (Searle & Gow, 2010; Whitmarsh et al., 2022).

Gleichzeitig gibt es in anderen Studien Hinweise darauf, dass Sorgen bezüglich des Klimawandels nicht unbedingt eine Zunahme der Psychopathologie bedingen (Verplanken & Roy, 2013). Dies spricht auch dafür, dass die Sorgen um den Klimawandel adaptiv sind, oder wie die Autorinnen in ihrem Titel zitieren: »My worries are rational, climate change is not«. Auch eine Studie an deutschen Medizinstudierenden deutet darauf hin, dass die Klimakrise zu signifikantem Stresserleben führt, jedoch nicht mit einer depressiven, traumatischen oder Angst-Symptomatik assoziiert ist (Schwaab, Gebhardt, Friederich & Nikendei, 2022). Die Autor:innen merken jedoch an, dass eine Zunahme des allgemeinen Stressniveaus auch die Vulnerabilität für eine psychische Erkrankung erhöht, zumal keine Entspannung der stressauslösenden Situation in Sicht ist. Im Gegenteil gehen sie davon aus, dass Gefühle der Hilf- und Hoffnungslosigkeit weiter zunehmen werden, wenn sich die Klimakrise zuspitzt.

Relevant scheint eine Unterscheidung in Mikro- und Makrosorgen. Dabei betreffen Mikrosorgen das eigene Leben und das Leben von nahen Angehörigen, während Makrosorgen sich auf die Welt und die Gesellschaft beziehen. Eine Studie von Wullenkord und Ojala (2023) suggeriert, dass Mikro-Sorgen einen größeren negativen Einfluss auf das psychische Wohlbefinden haben, während sich Makro-Sorgen eher positiv auf umweltfreundliches Verhalten auswirken.

Die Ängste bezüglich der Klimakrise finden auch in andere Lebensbereiche Eingang: Die Angst vor den Folgen der Klimakrise beeinflusst zum Beispiel Menschen dabei, ob sie sich für oder gegen eigene Kinder entscheiden. Fast 60% gaben laut einer Studie an, sehr oder extrem besorgt über den CO^2-Fußabdruck von Kindern zu sein, und 96,5%, sich sehr oder extrem um das Wohlergehen der Kinder in einer klimaveränderten Welt zu sorgen (Schneider-Mayerson & Leong, 2020). Insofern betrifft die Klimakrise am eigenen Leib zwar vor allem die jüngere und jüngste Generation, aber indirekt über Fürsorge und Liebe für die Nachkommen auch die Älteren, also die Eltern und Großeltern der akut Bedrohten.

Fallbeispiel

Frau B. (31 Jahre) stellte sich bei mir vor. Sie lebe in einer Partnerschaft, arbeite 32 Stunden als Sozialhelferin, habe eine Tochter (3 Jahre) und sei jetzt wieder schwanger. Schon in der ersten Schwangerschaft habe das Thema Klimakrise sie sehr beschäftigt. In ihrem Umfeld gebe es viele, die sich aufgrund der Klimakrise gegen Kinder entschieden hätten und immer wieder frage sie sich, ob es nicht maßlos egoistisch sei, jetzt sogar ein zweites Kind in diese »apokalyptische Welt« zu setzen. Sie habe sich für das zweite Kind entschieden, da sie und ihr Partner sich ein zweites Kind »schon immer« gewünscht hätten, ebenso wie ein Geschwisterkind für ihre Tochter. Gleichzeitig sei sie besorgt um die Zukunft der Kinder und fühle sich schuldig für ihre zwei Kinder, sowohl ihren Kindern als auch der Allgemeinheit gegenüber. Sie schäme sich für jede kleine »Klimasünde«, wie z.B. den Kauf von Milchprodukten oder Plastikverpackungen. Sie schaffe es in ihrem stressigen Alltag einfach nicht, auf alles zu achten. Trotzdem fühle sie sich immer schuldig, so zum Beispiel bei jedem Vollbad, jeder Mango und jeder Autofahrt. Um viele langfristige Aufgaben kümmere sie sich nicht, weil sie den Sinn darin nicht sehe. So denke sie häufig, dass Altersvorsorge oder Geldanlagen sinnlos wären, weil sie gar nicht so alt werden würde. Generell fühle sich alles manchmal sinnlos an, weil »die Menschheit sowieso dem Ende entgegen [gehe]«. Manchmal könne sie nachts nicht schlafen, weil sie von Ängsten überwältigt werde. Sie habe dann Bilder im Kopf vom Weltuntergang und wie sie mit ihren Kindern im Schlafzimmer auf den Tod warte. Auch habe sie oft Alpträume, in denen es um die Apokalypse in verschiedenen Variationen gehe. Sie sei seit vielen Jahren in einer Klima-Initiative aktiv. Jedoch schaffe sie es mit Job und Kleinkind häufig nicht, sich dort so zu engagieren, wie sie es sich wünschen würde. Auch das sei mit Schuldgefühlen behaftet. Manchmal wolle sie einfach nur ihre Ruhe vor dem Thema haben und beneide mit Bitterkeit die Menschen, die mit Leichtigkeit und scheinbar ohne darüber nachzudenken, alles weiter so machten wie bisher. In ihrer Vergangenheit habe sie bereits unter leichten depressiven Phasen gelitten, dies sei jedoch die erste, die von so viel Angst und Ohnmacht begleitet sei.

3.3 Klimagefühle

> **Definition: Eco-Emotionen**
>
> Klimagefühle werden angelehnt an den englischen Sprachgebrauch auch als *Eco-Emotionen* (z. B. *Eco-Anxiety*, u. a. Pihkala, 2019) bezeichnet. Dabei erscheint der Begriff Eco-Emotionen teilweise passender, da er die Thematik umfassender benennt. Anders als bei dem Begriff der Klimagefühle, der sich nur auf Gefühle, die direkt mit den klimatischen Veränderungen selbst assoziiert sind, begrenzt, beinhaltet der Begriff der Eco-Emotionen alle möglichen umweltbezogenen Gefühle, die mit der Lage der anthropogenen Klimakrise einhergehen, z. B. auch Ängste in Bezug auf die Biodiversitätskrise, Massensterben von Tierarten, Nahrungsmittelmangel und soziale Unruhen. Eco-Emotionen und Klimagefühle sind jedoch noch recht junge Konzepte und die Forschung dazu hat erst begonnen. Da im allgemeinen Sprachgebrauch »Klimagefühle« jedoch mehr Verwendung findet, nutzen wir diesen Begriff auch weiterhin in unserem Buch.

In Bezug auf die Klimakrise deuten immer mehr Studien darauf hin, dass das Ausmaß und die Art der emotionalen Aktivierung einen starken Einfluss auf das klimabezogene Verhalten nehmen, und zwar deutlich mehr als reines Wissen (Brosch, 2021; van Valkengoed & Steg, 2019). Grundsätzlich findet sich fast die gesamte Bandbreite der Basisemotionen auch in den Klimagefühlen wieder (▶ Abb. 3.1).

Klimaangst

Im Zuge der zunehmenden Relevanz der Klimagefühle wurde der Begriff *Eco-Anxiety*, zu Deutsch etwa *Klimaangst*, geprägt. Er beschreibt das starke Stress-Erleben aufgrund der Klimakrise und damit assoziierte Sorgen um die Zukunft und Symptome wie Panikattacken, Schlafstörungen und obsessives Grübeln (Albrecht, 2011). Klimaangst kann sich auf verschiedene Szenarien beziehen. Bei manchen Menschen bezieht sich die Angst auf Naturkatastrophen oder Extremwetterereignisse. Andere beschreiben Ängste vor der allgemeinen Ungewissheit oder vor einer unvorhersehbaren und krisendurchzogenen Zukunft. Ebenso kann die Angst sich auf soziale Veränderungen, Migration, Konflikte und Ressourcenknappheit beziehen. Klimaängste sind grundsätzlich eine gesunde Reaktion auf die bestehenden und befürchteten Bedrohungen und nicht per se irrational oder maladaptiv. Klimaangst kann aktivieren und dadurch eine adaptive Reaktion begünstigen. Wenn sie jedoch sehr intensiv ist, wird sie eher als lähmend erlebt (Verplanken, Marks & Dobromir, 2020). Die Angst, welche als Motor dient, kann also auch paralysieren. Durch intensive Klimaängste kann es zu akuten, aber auch chronischen Einschränkungen der Handlungsfähigkeit kommen. Eventuell liegt dem zugrunde, dass eine starke Klimaangst dazu führt, dass Menschen versuchen die Klimakrise im Alltag zu vermeiden (Wullenkord, 2021). Es scheint also, als hätte die Ausprägung

Abb. 3.1: Klimagefühle

der Angst eine Auswirkung darauf, ob eine Person motiviert ist, umweltfreundliches Verhalten zu etablieren: Während eine moderate Angst motiviert, kann eine zu starke Angst eine adaptive Reaktion behindern (Whitmarsh et al., 2022).

Eine Studie konnte zeigen, dass es in Abhängigkeit des soziokulturellen Hintergrunds verschieden ist, ob und wodurch die Angst funktional oder dysfunktional ist (Kleres & Wettergren, 2017). Die Autorinnen erklären, dass Angst motivieren kann. Dabei ist jedoch Hoffnung essenziell, da sie die Angst moderiert und zum Handeln inspiriert. Dies gilt für Aktivistinnen weltweit. Im globalen Süden kommt die Komponente der Schuldzuweisung hinzu: Sich über den Norden und seine Rolle in der Klimakatastrophe zu ärgern, kann Energien mobilisieren. Dies wiederum hilft, aus einer immobilen Angst in ein aktives Handeln überzugehen. Der Effekt der Schuldzuweisung und des Ärgers scheint bei Aktivistinnen des globalen Nordens weniger relevant zu sein.

Eine Patientin berichtet während der Therapie Folgendes:
»Gestern habe ich ein Buch gelesen über den zweiten Weltkrieg. Und ich hab

richtig gemerkt, dass mich das fertig gemacht hat, so von der Bedrohung zu lesen und wie sich alles verändert hat und so schlimm geworden ist für die Familie, um die es da ging. Also die Todesfälle, aber auch immer Angst haben zu müssen, nicht genug zu essen zu haben, keine Sicherheit mehr. Das hat mich früher irgendwie weniger getroffen, jetzt habe ich durch die Klimakrise richtig doll Angst, dass es bei uns auch bald so ist. Also dass wir keine Sicherheit mehr haben. Dass nichts, was ich jetzt aufbaue, Bestand hat. Dann lag ich abends im Bett und konnte nicht einschlafen. Meine Tochter lag neben mir im Beistellbett und ich habe gedacht, wenn sie so alt ist wie ich jetzt, dann ist die Welt eine ganz Andere und ich befürchte, keine bessere. Ich habe richtig Angst vor so einer Art Niedergang von Allem, also dass alles zusammenbricht. Ich habe Angst, dass meine Tochter überhaupt kein schönes Leben haben wird, dass alles nur Tod und Zerstörung sein wird.«

Pihkala (2019) unterscheidet anhand des Schweregrads der Symptome schwere und milde Klimaangst, welche er wie psychische Störungen beschreibt. Eine schwere Klimaangst umfasst anhaltende psychosomatische Symptome wie Insomnie ebenso wie depressive Symptome und eine klinisch relevante Angst. Die Symptomatik verursacht Leidensdruck und erschwert das Funktionieren im Alltag. Teil der Symptomatik kann auch Zwangsverhalten sein, sowie »Klima-Anorexie« oder »Klima-Orthorexie«. Ebenso kann selbstzerstörerisches Verhalten wie Selbstverletzung oder Substanzmissbrauch vorkommen. Milde Klimaangst wiederum beinhaltet laut Pihkala eher Traurigkeit und Ruhelosigkeit, sowie gelegentlich auftretende Schlaflosigkeit. Auch das Funktionsniveau ist nicht dauerhaft eingeschränkt. Faktoren, die auf Klimaangst und ihren Schweregrad Einfluss nehmen sind Unsicherheit, Unvorhersehbarkeit und Unkontrollierbarkeit (Pihkala, 2020).

Klimawut

Im Gegensatz zu Angst, Traurigkeit und Scham, richtet Wut einen Schuldvorwurf an andere Menschen. Es gibt zudem häufig einen moralischen Aspekt, der insbesondere bei der klimabezogenen Wut relevant ist. Bei der Klimawut (im englischen häufig *climate anger*) richtet sich die Emotion vorwiegend auf das wahrgenommene Fehlverhalten anderer Menschen oder Institutionen – meist im Zuge eines Ungerechtigkeitsempfindens, wogegen wir uns aufbäumen möchten, um unsere Grenzen zu verteidigen. Dies tritt zum Beispiel gegenüber der fossilen Industrie auf, die wichtige Informationen vorenthalten oder teilweise auch bewusst die Menschen über die Auswirkungen unseres globalen Lebensstiles desinformiert hat (wie die in der Einleitung genannte Exxon-Mobil Studie) und einer Politik, die sich auch aktuell nur wenig nach den klimawissenschaftlichen Empfehlungen richtet. Gerade bei jüngeren Menschen tritt auch Ärger gegenüber den älteren Generationen auf, die lange nicht auf die Klimakrise reagiert hat (Marczak & Winkowska, 2021). Diese Wut kann sehr herausfordernd sein, da die Menschen, gegen die diese Wut gerichtet ist, oft nicht direkt erreichbar sind – und auch, weil sie es uns teilweise erschwert in

Kontakt und Austausch zu kommen, wenn wir mit weniger klimakrisenbewussten Menschen interagieren. Zudem wird Wut durch kollektive Klimaschutz-Aktionen nicht gelindert, sondern eher gefördert (Becker, Tausch & Wagner, 2011). Dies kann dann einen negativen Kreislauf bedingen: Weiter zunehmende Wut und in der Folge immer weniger Möglichkeiten, in einen Austausch auf Augenhöhe zu kommen, dadurch wiederum Konflikte und Ungerechtigkeitserleben, die weiter die Wut schüren. Ebenso gefährlich kann eine zunehmende Tendenz zur Aggressivität sein, die gegebenenfalls selbst- oder fremdgefährdend ist.

Gleichzeitig ist die Wut eine treibende Kraft: Sie wirkt bei klimaengagierten Menschen aktivierend und handlungsanstoßend, während Angst und Depressivität bezogen auf die Klimakrise teilweise zu weniger umweltfreundlichem Verhalten führen (Stanley, Hogg, Leviston & Walker, 2021). Moralischer Ärger scheint eine wichtige Mediator-Rolle zwischen Überzeugungen und umweltfreundlichem Verhalten zu sein (Reese & Jacob, 2015). Und gerade bei Menschen, die im Aktivismus tätig sind, scheint kollektiver Ärger *die* Emotion zu sein, die eine bereits existierende Motivation verstärkt (Landmann & Rohmann, 2020). Dabei spielt es eine nicht unbedeutende Rolle, dass der Ärger in der Gruppe geteilt wird. Dies führt nämlich einerseits zu einer Identifizierung mit der Gruppe und hilft andererseits dabei, gemeinsam klimabezogene Ziele zu verfolgen und Ungerechtigkeit zu bestrafen. Nicht unerwähnt soll jedoch bleiben, dass die zweite Emotion, die Landmann und Rohmann als relevant für Aktivismus festgestellt haben, *gerührt sein/bewegt sein* ist (im englischen Original: *being moved*). Dies ist noch einmal ein Hinweis auf die angenehmen Gefühle, die bei aller Angst, Wut, Trauer und Ohnmacht doch auch ihren Platz in der Klimakrise und im Umweltengagement finden.

Insgesamt ist Wut also eine immens relevante Emotion bezogen auf die Klimakrise – jedoch nur, wenn sie nicht in einem übertriebenen Ausmaß stattfindet. Angemessene Wut wirkt eher handlungsmotivierend und handlungsleitend, während extreme Wut handlungsunfähig machen oder zu dysfunktionalen Handlungen führen kann. Anderen Emotionen Platz zu machen, wie Traurigkeit, oder auch Hoffnung und Vergebung, kann Wut entmächtigen und in quantitativ angemessenere Formen überführen.

Klimatrauer

Gerade, wenn Menschen eine positive Beziehung zur Natur und zu Tieren haben, ist ein häufiges Gefühl in Bezug auf die Klimakrise eine große Traurigkeit, die sogenannte Klima-Trauer (ursprünglich *ecological grief*, etwa ökologische Trauer nach (Cunsolo & Ellis, 2018). Diese betrifft den erlebten und erwarteten Verlust und kann sich sowohl auf einen ökologischen Verlust beziehen, wie den Verlust von Biodiversität, als auch auf einen Verlust einer unbeschwerten Zukunftsperspektive. Das Modell zu den fünf Phasen der Trauer von Elizabeth Kübler-Ross wurde für die Klima-Trauer adaptiert (Running, 2007). Die Phasen sind Verdrängung, Wut, Verhandlung, Verzweiflung und Akzeptanz. Wie auch in der originalen Theorie finden diese Phasen bei der Klima-Trauer nicht notgedrungen linear und vollständig statt. Running selbst bemerkt kritisch an der Adaptation des Modells: »An obvious flaw in this analogy is that many people are simply ignoring the global warming issue, a detachment they cannot achieve when they are personally facing cancer« (S. 2). Auch kritisiert Randall (2009), dass das Modell von Kübler-Ross sich ursprünglich auf Tod und Sterben bezieht und damit Hoffnung und Perspektive auf Erneuerung oder Veränderung nicht mit einbezieht. Dies ist jedoch ein wichtiges Element bei dem Umgang mit der Klimakrise. Stattdessen schlägt sie das Modell von William Worden vor, um Klimagefühle zu verstehen. Worden beschreibt in der Trauerarbeit Aufgaben, die es zu bewältigen gilt. Dabei betrachtet er diese Arbeit als stetig und nie endend, wobei immer wieder Aufgaben abgelehnt, pausiert oder neu aufgenommen werden. Die Aufgaben sind:

1. Akzeptanz der Realität des Verlustes, zuerst intellektuell, dann emotional
2. Verarbeiten der schmerzhaften Gefühle wie Trauer, Scham, Verzweiflung
3. Anpassung an ein neues Umfeld, Akquirieren neuer Skills
4. Reinvestieren von emotionaler Energie

Wenn man diese Aufgaben auf den Umgang mit der Klimakrise überträgt, entstehen automatisch therapeutische Ansatzmöglichkeiten. Die erste Aufgabe ist, die aversiven, aber so doch notwendigen Gefühle in Bezug auf die Klimakrise zu fühlen, so beispielsweise die Trauer (▶ Kap. 6.2). Daraus können dann neue Perspektiven und Ressourcen entstehen.

Klimascham und -schuld

Schuld und Scham haben ähnliche Grundbausteine, jedoch auch relevante Unterschiede, die ebenso auf die klimabezogenen Gefühle zutreffen. Einfach formuliert: Während sich Schuld eher auf ein konkretes Verhalten bezieht (»Ich habe etwas Falsches getan.«), betrifft Scham die gesamte Person (»Ich in meiner Gesamtheit bin nicht richtig.«). In der Differenzierung der Beiden ist auch relevant, dass Schuld mehr die Konsequenzen bei den anderen im Fokus hat, sowohl das potenzielle Leid, welches ich verursache, als auch die Ablehnung aufgrund meines Fehlverhaltens. Scham bezieht sich im Kontrast dazu mehr auf eine Selbsterkenntnis (Tangney, Stuewig & Mashek, 2007). Die Relevanz von Scham- und Schuldgefühlen bei der Entstehung psychischer Störungen und bei der Behandlung betont z. B. Lammers (2020). Auch für den Umgang mit der Klimakrise scheint unser moralisches System von Belang zu sein (Markowitz & Shariff, 2012). Schließlich werfen die Ungerechtigkeiten in der Klimakrise, nämlich zwischen Verursachern und Leidtragenden, automatisch moralische Fragen auf (Stoll-Kleemann, Noclai & Franikowski, 2022). Die finnische Philosophin und Aktivistin Aaltola (2021) hat die Unterschiede und Auswirkungen von Klimascham und Klimaschuld beschrieben und bemerkt, dass Schuld eher mit pro-ethischem Verhalten einhergeht und damit eine »moralisch konstruktive Emotion« bei der Bekämpfung der Klimakrise ist. Einen positiven Effekt von Schuld auf Klimaverhalten konnten auch andere Studien zeigen (z. B. Ferguson & Branscombe, 2010). Zum Einfluss von Scham gibt es verschiedene Sichtweisen. Scham kann eine »moralisch destruktive Emotion« sein und die Moral korrumpieren: Wenn ich als Person falsch und schlecht bin, dann kann ich daran sowieso nichts mehr ändern und brauche mich auch nicht um moralisches Verhalten bemühen. Auch ist Scham qua seiner aversiven Natur prädestiniert für defensives Verhalten im Sinne der Terror Management Theorie: Wenn meine ganze Person angegriffen wird, ist das so schwer auszuhalten, dass ich es abwehren muss. Der Angriff erfolgt bei der Scham nicht physisch, sondern moralisch. Aaltola präsentiert jedoch auch eine andere Sichtweise, nämlich die, dass Scham durchaus auch ein moralischer Katalysator sein kann. Sie kann uns dazu animieren, unseren eigenen Ansprüchen und Idealen gerecht zu werden. Damit kann sie sogar mehr noch als Schuld dazu anregen, sich zu ändern. Schuld setzt nur an einzelnen Verhaltensweisen an, während Scham eine Veränderung in der gesamten Person zur Folge haben kann. Als wichtige Einflussfaktoren für die Frage, ob Scham zu defensiven Reaktionen führt oder zu adaptiven Veränderungen, benennt Aaltola Mitgefühl, Demut, Vergebung und Optimismus. In ihrer Zusammenfassung bemerkt sie:

> »However, even when shaming does cause personal harm, its wider utility – its capacity to affect widespread change in both individual and institutional actions and to thereby serve the planetary common good – acts as its moral justification.« (Aaltola, 2021, S. 20)

Klimahoffnung

Auch Hoffnung ist ein Gefühl, welches im Zuge der Klimakrise entstehen kann. Es scheint sogar ein sehr bedeutsames Gefühl in Bezug auf das Verhalten zu sein. Relevant hierbei ist, dass Hoffnung nicht auf einer übermäßig optimistischen und dementsprechend unrealistischen Einschätzung der Realität der Klimakrise beruht. Im Gegensatz zum Optimismus beinhaltet Hoffnung durchaus die Gefahr, dass ein Ziel nicht erreicht wird, jedoch gleichzeitig die grundsätzliche Möglichkeit, dass es erreicht werden könnte, selbst wenn es unwahrscheinlich ist (Lazarus, 1991). In der psychologischen Forschung ist Hoffnung ein »zweischneidiges Schwert« (Ojala, 2017). Einerseits hilft sie, eine schwierige Situation psychisch besser auszuhalten und verschafft Erleichterung. Andererseits besteht die Gefahr, aufgrund der Hoffnung die Realität zu leugnen und damit nicht ins Handeln zu kommen, obwohl es eigentlich notwendig wäre.

So kann eine übermäßige, oder umgangssprachlich »falsche« Hoffnung die individuelle klimabezogene Handlungsmotivation einschränken (Ojala, 2012). Diese Art der Hoffnung ist auch eine Leugnung des Ausmaßes des Problems und kann dazu führen, dass die Klimakrise weniger als Bedrohung wahrgenommen wird. Dies führt wiederum zu einer geringeren Bereitschaft, etwas für den Klimaschutz zu »opfern« (Bilandzic, Kalch & Soentgen, 2017).

Hoffnung im nicht realitätsverleugnenden Sinne oder »konstruktive« Hoffnung kann jedoch auch ein Bindeglied zwischen den anderen aversiven Gefühlen und einer Verhaltensänderung sein. Als einziges bisher beschriebenes Gefühl ist es eines, welches sich angenehm anfühlt und dadurch einen Ausgleich schafft zu den deutlich unangenehmeren Gefühlen von Angst, Wut, Scham und Hilflosigkeit. Dies ist dementsprechend besonders für Menschen relevant, die sich bereits mit der Klimakrise auseinandersetzen. Hoffnung zu erleben, könnte nicht nur die Bereitschaft erhöhen, sich auf diese Gefühle einzulassen, sondern auch die Überzeugung, sie aushalten zu können. Hoffnungslosigkeit hingegen führt dazu, dass Menschen nichts mehr mit der Klimakrise zu tun haben wollen und dementsprechend auch nichts dagegen unternehmen (Norgaard, 2011).

Aus der lähmenden Hoffnungslosigkeit herauszukommen und Hoffnung aufzubauen ist notwendig, um ins Empowerment und damit ins aktive Handeln zu wechseln (Fritze et al., 2008). Es ist wiederum notwendig, zwischen auswegslos und schwierig zu differenzieren, um Hoffnung zu generieren. Allzu leicht droht die Gefahr, in Resignation zu versinken, die auch Erleichterung verschafft, zumal sie als Legitimation zum Nichthandeln dienen kann:

> »Eine Geistesverfassung, in der wir sagen, ›es wird schlimm, aber wir können noch etwas tun‹ unterscheidet sich von einer Geistesverfassung, in der wir sagen ›dahin will ich gar nicht denken‹ oder ›wenn es so weit kommt, ist eh alles zu spät‹. Ein Denkstopp befördert das Weitermachen wie bisher und beraubt uns jeglicher kreativer Möglichkeiten, neue Wege zu (er)finden.« (Habibi-Kohlen, 2020, S. 24)

Hoffnung und Resignation in Balance zu halten, scheint eine bedeutsame und wiederkehrende Entwicklungsaufgabe für Menschen zu sein, die sich im Klimasektor engagieren, vielleicht sogar die bedeutsamste (Kovan & Dirkx, 2003). Denn Hoffnung kann dabei helfen, die vielen unangenehmen Emotionen abzupuffern, welche im Zuge der Auseinandersetzung mit der Klimakrise entstehen und somit zu einem langfristigen Engagement beitragen. Dazu sind kleinschrittige Ziele und ein Gefühl der Handlungsfähigkeit notwendig (Park, Williams & Zurba, 2020). Auch kollektives Handeln kann Hoffnung generieren, indem es aufzeigt, dass die Klimakrise nicht allein gelöst werden muss (Nairn, 2019). Aufgrund seiner Funktion als »Bollwerk« gegen aversive Klimagefühle ist Hoffnung ein wichtiger Ansatzpunkt für Klimaresilienz (▶ Kap. 5.2). Kattermann nennt diese Kompetenz »apokalyptisch leben lernen«:

> »Apokalyptisch leben zu lernen, könnte also bedeuten, im Angesicht der drohenden Szenarien eine spezifische Qualität von Hoffnung aufrechtzuerhalten. Diese Qualität setzt voraus, dass die Realität weder verleugnet noch beschönigt werden muss. Diese Qualität akzeptiert die Möglichkeit einer umfassenden Zerstörung der Ökosphäre und hält zugleich an einem ausreichend kreativen Umgang mit der Bedrohung fest.« (2022, S. 289)

Weitere Klimagefühle

Neben der Eco-Anxiety oder Klimaangst gibt es weitere Wortneuschöpfungen, die Gefühle beschreiben, welche sich spezifisch auf klimatische Veränderungen beziehen. So gibt es die Solastalgie, den Umweltkummer, oder den Schmerz über den Verlust des Ortes, an dem man wohnt und den man liebt, aufgrund von physikalischer Zerstörung (Albrecht et al., 2007). Dieser steht in enger Beziehung zur Trauer, bezieht sich jedoch spezifischer, wie Heimweh, auf den eigenen Lebensraum. Ein weiterer Begriff ist das Prätraumatische Belastungs-Syndrom, geprägt von der Psychiaterin Lise van Susteren. Sie beschreibt damit die Verzweiflung, insbesondere von Forscherinnen und Umweltaktivistinnen, die genau wissen, was der Welt für katastrophale Veränderungen bevorstehen und damit kaum Gehör finden. Sie antizipieren eine traumatische Entwicklung, ohne etwas dagegen unternehmen zu können. Van Susteren merkt jedoch an, dass sie es eher als prätraumatische Belastungskondition, denn als prätraumatische Belastungsstörung versteht, womit sie die Angemessenheit der emotionalen Reaktion hervorhebt. Sie verstehe es eher als Störung, keine Belastung angesichts der antizipierten Bedrohung zu erleben.

Die schiere Anzahl der Studien zu den verschiedenen Klimagefühlen, sowie die zahlreichen Wortneuschöpfungen zeigen deutlich auf, welche Relevanz die Klimakrise auch im psychologischen und psychotherapeutischen Fachbereich bereits heute schon hat.

Gleichzeitig unterscheidet sich der psychotherapeutische Umgang mit Klimagefühlen und klimakrisenbezogenen Belastungen in Teilen fundamental von der Arbeit mit anderen Gefühlen, psychischen Problemen und Störungen, wie wir im Folgenden ausführen möchten.

4 Die Klimakrise und Psychotherapie

> **Zusammenfassung**
>
> Klimagefühle lassen sich unterteilen in adaptive und potenziell nichtadaptive Anteile. Die adaptive Emotion, die als sinnvoller Impulsgeber wirkt, ist eine gesunde und wichtige Reaktion. Die potenziell nichtadaptiven Aspekte der Emotion, zum Beispiel ein langfristiges Erstarren oder das Ausbilden von psychopathologischen Symptomen, können zu einem Problem werden und Hilfestellungen im Umgang damit zu geben ist wichtig. Bei der Behandlung von Menschen in der Klimakrise und spezifisch bei Menschen mit bestehenden Klimagefühlen ist es relevant, diese Prozesse zu entpathologisieren. Gleichzeitig soll ein Raum geschaffen werden, in dem diese Gefühle exploriert und verarbeitet werden können. Wir sind von der Klimakrise gesamtgesellschaftlich betroffen und tragen alle einen gewissen Grad an Verantwortung, an einer Anpassung und Transformation unserer Gesellschaft mitzuhelfen. Wir als Psychologinnen und Psychotherapeutinnen bringen relevante Kenntnisse und Fähigkeiten mit und haben viele Möglichkeiten uns mit der eigenen Expertise in diesen Prozess einzubringen.

4.1 Gemeinschaftliche Betroffenheit

> »If patients come to therapy to speak about their process in relation to climate change, but perceive therapists to be unaware of the scale of the problem, they may be cautious not to start this process with their therapists.« (Budziszewska & Jonsson, 2022, S. 24)

In der klinischen Arbeit begegnet es uns oft, dass wir uns von mitgebrachten Themen und Erfahrungen der Patientinnen selbst betroffen fühlen, zum Teil auch deutlich mitfühlen. Wenn eine Patientin zum Beispiel von ihrer schwierigen Kindheit berichtet, ist es hilfreich und sinnvoll zu einem gewissen Maß die Emotionen mitzuspüren, um sich in die Erlebenswelt der Patientin empathisch hineinzuversetzen und an diesen dann gemeinsam arbeiten zu können. Eigene Erfahrungen und Erinnerungen der Therapeutin an die eigene Kindheit, die denen der Patientin gegebenenfalls ähnelt, können diese Gefühle deutlich lebendiger und spürbarer machen und die Therapeutin stärker emotional aktivieren. Wir können als

4 Die Klimakrise und Psychotherapie

Abb. 4.1: Gemeinschaftliche Betroffenheit

Therapeutinnen jedoch unterscheiden zwischen den beiden Situationen, dem persönlichen Bezugsrahmen, der eigenen Lebensrealität und der der Patientin. Durch Parallelen in der Biografie oder der Ähnlichkeit der subjektiven Erlebenswelt (z. B. ähnliche Interpretationen oder emotionale Reaktionen) kann ein stärkeres emotionales Mitschwingen passieren. Meist gibt es aber dafür klare Begrenzungen und nur grobe Überschneidungen, die genug Raum lassen für eine professionelle Distanz zur Thematik.

Bei der Klimakrise gibt es jedoch andere Rahmenbedingungen, die beachtet werden sollten. Es gibt hier keine unterschiedlichen Lebenswelten, die bedrohliche Welt, von der die Patientinnen berichten und die diese belasten, ist auch unsere eigene Welt (▶ Abb. 4.1). Und auch unsere psychotherapeutische Expertise ist dabei nur ein bedingt wirksamer protektiver Faktor, da wir auch als Fachkräfte ebenfalls unter zurückliegenden oder akuten Belastungen leiden und diesbezüglich psychopathologische Symptome entwickeln können (Nissen-Lie et al., 2021). Die unsichere Zukunftsperspektive, die vielen Menschen Angst macht, ist auch unsere eigene und die unserer Angehörigen. Wir sitzen dabei als Bewohnerinnen dieses Planeten im selben Boot, sind gemeinschaftlich von der Klimakrise betroffen und leiden – mehr oder weniger intensiv – unter den spürbaren Auswirkungen (z. B. Extremwetterereignisse, Dürren), unserer unklaren Zukunft und den durch die Krise ausgelösten emotionalen Reaktionen. Es ist unser gemeinsames existenziell bedrohliches Thema, bei dem sich die menschliche Zivilisation als resilient erweisen muss.

Diese gemeinschaftliche Betroffenheit birgt gewisse Fallstricke bei der therapeutischen Arbeit, die beachtet werden sollten. Die Klimakrise nimmt zunehmend eine größere Rolle als Belastungsfaktor ein, ihre Bedeutung für die Psychotherapie nimmt somit zu und viele Psychotherapeutinnen nehmen die Klimakrise auch bereits als relevant für ihr Arbeitsfeld wahr. Manche fühlen sich durch ihre Ausbildung jedoch nicht ausreichend vorbereitet auf diese Arbeit und erleben dadurch eigene emotionale Probleme, zum Beispiel Ängste (Seaman, 2016). Dies ist ein relevantes Problem und lässt vermuten, dass für einen fruchtbaren therapeutischen Prozess eine Kenntnis der Krise und der relevanten Faktoren auf therapeutischer Seite notwendig ist. So kann ein konstruktiver und validierender Umgang mit den Klimagefühlen ermöglicht werden. In einer Studie konnten auch erste Belege hierfür gefunden werden (Budziszewska & Jonsson, 2022, siehe auch Zitat zu Kapitelbeginn): Die Ergebnisse der Analyse mehrerer Fallstudien zu Psychotherapien von Menschen, die Klimagefühle erlebten und darunter litten, weisen darauf hin, dass eine fehlende Auseinandersetzung mit der Krise auf psychotherapeutischer Seite dazu führt, dass Patientinnen ihre Emotionen und die Belastung weniger deutlich oder gar nicht ansprechen, u. a., da sie den Therapeutinnen keine Angst machen möchten. Somit kann kein sicherer Raum entstehen, um diese Gefühle zu erleben, zu normalisieren und zu regulieren. Auch die Rückmeldungen von Menschen, die in der Klimabewegung aktiv sind, deuten darauf hin, dass sich viele Menschen mit ihren Klimagefühlen nicht ernstgenommen fühlen und sich eine klimasensitive Beratung oder Therapie wünschen.

Es gibt ebenso den umgekehrten Fall, welcher durch das folgende Beispiel illustriert werden soll:

Fallbeispiel

Eine Psychotherapeutin fühlt sich durch die Klimakrise deutlich emotional betroffen, sie engagiert sich diesbezüglich bei einer Klimainitiative, hat ihre eigene Lebensweise aufgrund dessen seit einigen Jahren umgestellt, lebt vegetarisch, fliegt nicht mehr und versucht ihre Emissionen im Alltag möglichst gering zu halten. Diese Therapeutin trifft in ihrer Praxis auf eine Person, die sich selbst als überhaupt nicht belastet präsentiert. Diese Person tätigt Aussagen wie »Zu einer richtigen Mahlzeit gehört nun mal Fleisch«, zeigt klimaschädliches Verhalten und ist diesbezüglich stolz, sich nicht vom »Klimawahnsinn« anstecken zu lassen. Diese Therapeutin fühlt sich vielleicht provoziert, verspürt Wut, Ohnmacht und Traurigkeit, sie erlebt eine erhebliche Dissonanz zu den eigenen Werten und Vorstellungen sowie zu den eigenen Zukunftsängsten und Wünschen bezüglich einer gesellschaftlichen klimafreundlichen Ausrichtung.

Hier besteht ein gewisses Risiko auf Seiten der Therapeutin das eigene Thema bei der Person zu suchen oder im extremen Fall das Thema der Patientin »aufzustülpen« (nach dem Motto »Sie muss das doch auch so sehen, wir müssen alle etwas tun!«), da das eigene Leid mit im Therapieraum vorhanden ist.

Ein Gesprächsbedarf sollte diesbezüglich genau exploriert, bestehende Vermeidung aufgedeckt, markiert und dessen individuelle und kollektive Konsequenzen angesprochen werden. Therapeutisch gearbeitet werden kann jedoch nur dort, wo ein Auftrag besteht. Auch, wenn ein fehlender Auftrag bzw. ein fehlendes Bewusstsein unserer Meinung nach als Teil der therapeutischen Arbeit benannt und problematisiert werden kann.

Aufgrund unserer gemeinschaftlichen Betroffenheit und der existenziellen Aspekte der Klimakrise ist der klinische Blick auf vermeidende Verhaltensweisen hier noch relevanter als er das in der therapeutischen Arbeit ohnehin ist. Die Vermeidung auf der individuellen Ebene, das heißt, das fehlende Anerkennen und Auseinandersetzen mit der Krise und den damit einhergehenden notwendigen Schritten, um sie zu bewältigen, hat nicht nur schädliche langfristige Konsequenzen für die Person selbst oder ihre Bezugspersonen, wie es sonst in den meisten klinischen Situationen der Fall ist. Das Verhalten hat für alle Menschen, die Therapeutin eingeschlossen, Konsequenzen hinsichtlich der Zukunftsperspektiven, der Handlungsoptionen und Gefühle. Unser aller Verhalten (oder hier besser das fehlende Verhalten) und inwieweit wir Verantwortung übernehmen, zu der wir als Bewohnerinnen dieses Planeten verpflichtet sind, formt unser kollektives Schicksal. Die gesunde emotionale Verarbeitung der Krise auf individueller Ebene ist somit ein elementarer Faktor für die kollektive Bewältigung der Krise in Form einer gesellschaftlichen Transformation (Pihkala, 2020). Menschen, die sich mit der Klimakrise befassen und ihre emotionale Belastung wahr- und ernstnehmen sowie darüber sprechen, tun uns als Gesellschaft einen Gefallen. Sie setzen die Voraussetzung dafür, unsere Gefühle in Handlungen umzusetzen und können als Signalgeberinnen einen Wandel bewirken (Norgaard, 2011). Wobei wir wieder bei dem Zitat aus dem ersten Kapitel wären: »Climate change is a psychological crisis, whatever else it is« (Poulson, 2018). Und wer meint, unsere Gesellschaft gemeinschaftlich zu transformieren sei ein utopisches Ziel, bedenke den Wandel, zu dem die Menschheit bereits fähig gewesen ist. Diese Veränderungen wurden zu ihren Zeiten ebenfalls als unrealistisch, zumindest als visionär betrachtet. Beispiele dafür sind unter anderem die Abschaffung der Sklaverei, die Anerkennung der Menschenrechte, die Etablierung des Frauenwahlrechts oder das Verankern der Grundrechte in der Verfassung.

Auf therapeutischer Seite sind Aufmerksamkeit, Selbstfürsorge und die Reflexion der eigenen Werte und Grenzen im Kontext der Arbeit in der Klimakrise und mit den dadurch bewegten Menschen hilfreich und wichtig. Aussagen bezüglich der Klimakrise, die nicht mit dem wissenschaftlichen Konsens übereinstimmen, können Emotionen hervorrufen, zum Beispiel Wut, Verunsicherung und Ohnmacht. Es erscheint wichtig, dies zu bemerken und zu reflektieren, um Ideen zu entwickeln, wie ein sinnvoller therapeutischer Umgang damit möglich ist. Gleichzeitig ist es wichtig in der therapeutischen Beziehung zu verbleiben und die Sicht der Person anzuerkennen, aber auch, wenn notwendig, zu problematisieren. Die Reflexion und aktive Auseinandersetzung unserer eigenen Vorstellungen, Bedürfnisse sowie

Schutz- und Vermeidungsstrategien ist somit zentral bei der Behandlung von Menschen, die sich durch die Klimakrise belastet fühlen und ebenso bei Menschen, die die Klimakrise leugnen. Diese Form der Selbstreflexion ist nicht nur für die Qualität der Behandlung relevant, sondern auch für die eigene Resilienz und psychische Gesundheit, um nachhaltig arbeitsfähig zu bleiben (Smout et al., 2022).

Selbsterfahrungsfragen

Nehmen Sie sich einen Moment Zeit, um Ihre eigenen Emotionen und Gedanken zu dem gerade gelesenen Abschnitt wahrzunehmen.

1. Wie haben Sie bis jetzt in Ihrer klinischen Praxis das Thema Klimakrise und deren Auswirkungen erlebt?
2. Wurden Sie damit konfrontiert? Falls ja, in welchen Kontexten?
3. Wie haben Sie die »Gemeinschaftlichkeit« der Thematik wahrgenommen?
4. Was für Gefühle und Impulse hat das bei Ihnen ausgelöst?
5. Wie sind Sie damit umgegangen?
6. Wie geht es Ihnen damit, wenn jemand die Klimakrise leugnet? Was sind Ihre Impulse?

4.2 Klimagefühle als adaptive Reaktion

In der repräsentativen Umfrage eines Meinungsforschungsinstituts (Vodafone Institut für Gesellschaft und Kommunikation GmbH, 2021) gaben von 17.000 befragten Menschen in 17 verschiedenen Ländern etwa ein Drittel an, die Klimakrise als eine enorme Bedrohung anzusehen. Weitere 37 Prozent empfanden sie als eine ernste Bedrohung. Wenn wir uns mit der Klimakrise auseinandersetzen, uns den aktuellen wissenschaftlichen Konsens bewusstmachen und diese komplexe Thematik betrachten, kommt es bei uns allen zu starken Gefühlen. Und diese sind oft nicht leicht zu regulieren. Angst, Hilflosigkeit, Traurigkeit, Scham, Schuld, Ohnmacht, Wut und Verzweiflung können in unterschiedlichen Intensitäten auftreten. Sehr viele Menschen erleben Klimagefühle und dennoch ist wenig Wissen in der breiten Bevölkerung über sie und den gesunden Umgang mit ihnen bekannt.

Der zunächst zentrale Punkt ist, dass Klimagefühle wichtige Signale an uns senden und damit ein Motor sind, sich der Bedrohung zuzuwenden, den Umgang damit sinnvoll zu gestalten, nach Auswegen zu suchen und Gefahren abzuwehren. Es zeigte sich zum Beispiel, dass insbesondere das Empfinden von Angst und Wut Hauptmotivatoren für Aktivismus im Bereich des Klimaengagements sind (Pihkala, 2020). Angst, mit variierenden Inhalten und Symptomen, ist dabei durchaus eine angemessene Reaktion auf die reale Bedrohung durch die Klimakrise. Eine Angstreaktion tritt oft bei zuvor unbekannten oder extremen Nachrichten auf, zum

Beispiel wenn über ungünstige Prognosen berichtet wird. Zwar erleben wir diese Gefühle häufig als unangenehm und damit auch manchmal als »negativ«, aber ohne diese Gefühle wären wir nicht imstande, angemessen auf die Bedrohung zu reagieren, da uns die Motivation fehlte. Wir möchten diese unangenehmen Gefühle bald wieder abstreifen, was uns im besten Falle dazu bringt, die Bedrohung anzugehen und zu beenden. Dafür müssen wir die Emotionen zulassen und reflektiert mit ihnen umgehen. Eine Krisenbewältigung beinhaltet also immer auch, den Menschen, und damit eingeschlossen sich selbst, mehr herausfordernde Gefühle »zuzumuten«.

Klimagefühle sind also nicht nur adaptiv und angemessen, sondern auch ein elementarer Bestandteil unserer kollektiven Kriseneindämmung und -bewältigung. Die Klimagefühle in ihrer Grundform haben eine existenziell adaptive Funktion, genau wie Gefühle in anderen Kontexten auch. Anders als bei manch anderen klinischen Kontexten basieren Klimagefühle hier auf wissenschaftlichen Prognosen einer krisenhaften Zuspitzung unserer Lage und sind keine Symptome einer psychischen Problematik. Das heißt, es geht in der Psychotherapie nicht darum, unsere Klimagefühle einzudämmen, abzubauen oder ähnliches, wie es bei manchen Angstbehandlungen der Fall ist, es geht – ganz im Gegenteil – darum, in einen gesunden Kontakt mit ihnen zu kommen und dann einen hilfreichen Umgang damit zu finden. Dafür ist es notwendig, die Gefühle gut spüren zu können, sich jedoch nicht vollkommen davon überwältigen zu lassen. Auf diesem mittleren Erregungsniveau können wir die Fakten anerkennen und unsere Gefühle noch wohlwollend regulieren.

Dazu gehört auch, Probleme zu bewältigen, die durch Emotionsvermeidung und Überforderung entstehen, Regulationsstrategien für sich zu entwickeln und diese Gefühle in werteorientierte Handlungen umzusetzen. Dennoch können Klimagefühle sehr intensiv werden. Bei steigender Intensität und dysfunktionalem Umgang mit ihnen, können sie auch destruktive Ausmaße annehmen, den Alltag beeinträchtigen und die Lebensqualität schmälern. Spätestens wenn es zu Funktionseinschränkungen, psychischen Störungen und Leidensdruck kommt, ist es sinnvoll, eine psychotherapeutische Begleitung aufzusuchen. Ein Hauptaugenmerk der Therapie sollte dennoch darauf liegen, die Emotionen in ihrer Funktion anzuerkennen und zu fördern. Und mehr noch, sie als eine gemeinsame Erfahrungsdimension zu normalisieren, die ein Teil der modernen globalen Welt und ein Zeichen dafür ist, dass die Person sich mit der Realität auseinandersetzt und Vermeidung abbaut.

Wie bereits ausgeführt, können sehr unterschiedliche Emotionen im Rahmen der Klimakrise auftreten. Dabei ist es wichtig, individuell verstärkende und aufrechterhaltende Faktoren, z. B. biografische und situative, zu erkennen und zu reflektieren. Ebenso ist es wichtig, zwischen den angemessenen Emotionen an sich und den potenziell entstehenden pathologischen Auswirkungen zu differenzieren. Dies ist vor allem dann bedeutsam, wenn diese Gefühle die Lebensbewältigung und Funktionsfähigkeit signifikant beeinträchtigen. Das Gefühl ist dennoch nicht behandlungsbedürftig, der Umgang damit und die dysfunktionalen Auswirkungen können es jedoch sehr wohl sein. Wie wir auf Krisen im Allgemeinen und auch auf die Klimakrise im Speziellen emotional reagieren, kann uns dabei viel über immanente emotionale Muster sowie die Toleranz und Abwehr gegenüber bestimmter Emotionen aufzeigen, über unsere Bedürfnisse, unsere Werte, aber auch unsere kulturellen Prägungen.

4.3 Überlegungen zu Diagnostik und Indikation

Wir haben bereits dargelegt, dass Klimagefühle nichts Ungewöhnliches, sondern eine angemessene und gesunde Reaktion auf die Krise sind, unter gewissen Umständen aber auch deutliche emotional-kognitive Symptome, Funktions- sowie Verhaltensbeeinträchtigungen auslösen können (u. a. Pihkala, 2020). Es erscheint dabei wichtig, Klimagefühle als alltägliche und angemessene Gefühle zu markieren, die oft kein klinisches Problem darstellen und nicht zwangsläufig therapeutische Hilfe notwendig machen. Sie können sogar in schwerer Ausprägung noch als nachvollziehbare Traumareaktion im Angesicht einer existenziellen Bedrohung verstanden werden. Pihkala (2020, S. 5) bezeichnete Klimaangst in diesem Sinne als *Practical Anxiety*, da sie zu potenziell adaptiven Einstellungen und problemlösenden Handlungen führen kann. Die Gefühle, die wir im Rahmen der Klimakrise verspüren, sind selbst nie eine Störung, aber können zu Belastungsfaktoren werden, die psychische Probleme begünstigen oder bestehende Problematiken verschärfen.

Zum klinischen Blick auf das Thema Klimagefühle gehören auch diagnostische Überlegungen. Klimaangst ist zum Beispiel keine Diagnose, sondern ein Phänomen, dass in den letzten Jahren vermehrt in der Populär- und Fachliteratur besprochen und von vielen Menschen berichtet wird. Nun könnte man sich die Frage stellen, ob sich eine neue Angststörung entwickelt, eine neuartige Diagnose sich in die vielen bereits bestehenden Angstdiagnosen einreiht. Dies würde jedoch unseren vorherigen Ausführungen und auch den Aussagen des ICD-10 deutlich widersprechen. Im fünften Kapitel des ICD-10 (Dilling et al., 1991, S. 156) werden Angststörungen als »[e]ine Gruppe von Störungen, bei der Angst ausschließlich oder überwiegend durch eindeutig definierte, eigentlich ungefährliche Situationen hervorgerufen wird« beschrieben. Dies entspricht nicht den Ängsten, denen wir im Rahmen der Klimakrise begegnen. Diese Ängste entstehen durch die Konfrontation mit Aussagen und Prognosen bezüglich derer ein wissenschaftlicher Konsens besteht, die also auf Fakten beruhen.

Natürlich ist dabei jeder Fall individuell zu beurteilen und diagnostisch zu bewerten. Klimaängste können isoliert bei einem ansonsten gesunden Menschen auftreten, sie können zu einem Belastungsfaktor werden, der andere psychische Probleme begünstigt oder eine weitere (in dem Fall berechtigte) Angst eines insgesamt ängstlich-vermeidenden Stils sein. Auch potenzielle Komorbiditäten und gegebenenfalls bestehende, im Hintergrund destabilisierende Vulnerabilitäten sind wichtig zu explorieren. Ebenso der Fall, dass eine Klimaangst zwar das präsentierte Symptom ist, dahinter jedoch andere für die Symptomatik zentralere behandlungsbedürftige Anteile liegen, ist zu beachten. Insgesamt kann es hilfreich sein, das

Klimagefühl als zweiteilig zu verstehen: Zum einen als eine förderungswürdige adaptive primäre Emotion und, gegebenenfalls zum anderen, als ein nichtadaptiver Umgang damit.

Hier ist auch der Blick wichtig, wie wir uns selbst und Patientinnen helfen können, ohne sie und ihr Gefühlserleben unnötig zu pathologisieren, aber gleichzeitig die erforderliche Hilfe anbieten zu können. Es erscheint uns wichtig, keine falschen Botschaften mit einer Diagnose zu senden und eine valide Emotion durch ein unnötiges Label zu einer individuellen Pathologie zu erklären. Es geht darum, ein Verhalten als an den Kontext besser oder ungünstiger angepasst zu verstehen und weniger angepasstes zu ändern. Die individuelle Behandlungswürdigkeit und die Behandlungsmöglichkeiten sind dabei sorgsam abzuwägen, sowie auch die Wahl des therapeutischen Settings. Ideen hierzu finden Sie in Kapitel 6.

Fallbeispiel

Frau A. kommt in die psychotherapeutische Sprechstunde. Sie berichtet, sie sei schon immer eher ängstlich und deswegen schon ambulant in psychotherapeutischer Behandlung gewesen. Sie habe damals unter Panikattacken und Sorgen verschiedenster Art gelitten, habe sich viel zurückgezogen. Sie erzählt: »Vor vier Jahren wurde bei mir eine Panikstörung diagnostiziert und ich war deswegen in Behandlung. (...) Ich habe versucht mit meiner aktuellen Angst so umzugehen, wie ich es bei meinem Therapeuten gelernt habe, aber es wird einfach nicht besser. Ich kann mir das einfach nicht schönreden. Meine Gedanken zur Krise finde ich ziemlich zutreffend, auch, wenn ich mich manchmal in Katastrophenszenarien verliere. Das alles belastet mich extrem. Ich habe das Gefühl, diese Krise wird immer größer und größer und ich kann gar nichts tun. Und ich habe solche Angst davor, was noch passieren wird. Und wenn ich mit anderen darüber reden will, sagen sie nur, ich soll nicht so übertreiben. Das verunsichert mich total.«. Sie habe vor etwa einem Jahr begonnen sich vermehrt mit der Klimakrise auseinanderzusetzen, nachdem sie eine Dokumentation darüber gesehen habe. Danach sei es ihr sehr schlecht gegangen, sie sei voller Unruhe gewesen. Aktuell könne sie schlecht schlafen, fühle sich gehetzt und ohnmächtig. Sie denke viel über die Thematik nach, obwohl sie es am liebsten wieder vergessen würde. Unter anderem habe sie Angst davor, dass sich durch die klimatischen Bedingungen Lebensumstände ergeben, die nicht mehr aushaltbar seien. Dass eine Welt entsteht, in der es eine Qual ist zu leben, mit Hitze, vielen Krankheiten sowie kriegerischen Konflikten. Außerdem erlebe sie vieles, was ihr zuvor Spaß gemacht habe, als sinnlos im Angesicht der Krise. Deswegen gehe sie ihren Hobbies aktuell fast nicht mehr nach, sie komme heute zum Erstgespräch, da sie sich frage, »was sie tun müsse, um keine Angst mehr zu haben«.

Selbsterfahrungsfragen

Nehmen Sie sich einen Moment Zeit und reflektieren Sie für sich:

1. Welche Gefühle und Impulse löst dieser Fall bei Ihnen aus?
2. Welche Informationen benötigen Sie, um ein vollständigeres diagnostisches Bild zu erhalten?
3. Welche Verdachtsdiagnosen halten Sie für sinnvoll? Was würden Sie differentialdiagnostisch abklären wollen?
4. Was an den beschriebenen Gefühlen erscheint Ihnen in diesem Kontext als adäquat und was weniger?
5. Für wie behandlungswürdig erachten Sie die Symptomatik?

4.4 Berufsethische Aspekte

Bei der Auseinandersetzung mit der Klimakrise aus einer psychologischen und psychotherapeutischen Perspektive sowie bei der Fragestellung, warum wir als Psychologinnen uns damit beschäftigen sollten, erscheinen unter anderem berufsethische Überlegungen relevant. Zum einen sind wir Beziehungs- und Narrativ-Expertinnen und verfügen über viel Expertise im Umgang mit schwierigen Gefühlen, Vermeidung, dem Schaffen von Problembewusstsein und dem Aufbau von Resilienz. Zum anderen sind wir als Berufsgruppe der individuellen und kollektiven Gesundheit verschrieben, insbesondere der von vulnerablen Gruppen, welche durch die Klimakrise besonders bedroht ist. Uns wird in unserer Rolle als Fachmenschen Vertrauen entgegengebracht, was es möglich macht, uns für die Menschen einzusetzen (Clery et al., 2022). Man kann durchaus argumentieren, dass wir als Expertinnen auf diesem Gebiet eine besondere Verantwortung tragen, uns in den Diskurs einzubringen, da Veränderungsprozesse unser tägliches Brot sind und wir einen wertvollen Beitrag dazu leisten können. Zudem sind wir laut unserer Muster-Berufsordnung (Bundespsychotherapeutenkammer, 2006) als Psychotherapeutinnen dort verpflichtet zu agieren, wo die Gesundheit der Menschen gefährdet ist. 2022 wurde im Rahmen des 40. Psychotherapeutentag beschlossen, explizit die Verantwortung gegenüber unseren ökologischen Lebensgrundlagen festzuhalten (BPtK, 2022, S. 4, siehe Kasten).

> **Auszüge aus der Musterberufsordnung der Bundespsychotherapeutenkammer (ursprünglich 2006 verfasst, 2022 aktualisiert, S. 4)**
>
> § 1, Abs. 1: »Psychotherapeut*innen üben die Heilkunde unter Berücksichtigung der aktuellen wissenschaftlichen Standards aus mit dem Ziel, Krankheiten vorzubeugen und zu heilen, Gesundheit zu fördern und zu erhalten sowie Leiden zu lindern.«

§ 1, Abs. 2: »Sie beteiligen sich an der Erhaltung und Förderung der ökologischen und soziokulturellen Lebensgrundlagen im Hinblick auf die psychische Gesundheit der Menschen.«

Viele psychologische und psychotherapeutische Fachverbände haben sich auf nationaler und internationaler Ebene bereits spezifisch zu diesem Thema positioniert und zu politischen und gesellschaftlichen Veränderungen im Namen der Gesundheit aufgerufen. Die American Psychiatric Association hat die Klimakrise als Bedrohung für die psychische Gesundheit betont (Clayton et al., 2021), eine Verbindung aus australischen Heilberuflerinnen forderte sofortige klimaschützende politische Maßnahmen (Arabena et al., 2018) und auch die Deutsche Gesellschaft für Psychiatrie und Psychotherapie, Psychosomatik und Nervenheilkunde e. V. hat in einem ausführlichen Positionspapier zur Klimakrise (»Klimawandel und psychische Gesundheit«) eindrücklich angemerkt, dass die Psychiatrie ihren Anteil leisten muss, um die Folgen der Klimakrise zu begrenzen und auch die Fort- und Weiterbildung hierzu ausgebaut werden sollte. Dies sind nur wenige von zahlreichen Beispielen für die Positionierung von psychologischen, psychiatrischen und psychotherapeutischen Verbänden.

Sollten wir demnach nicht versuchen uns mehr mit unserer Expertise und unserem Fachwissen einzubringen? Auf individueller Ebene in der klinischen Praxis, um unsere Patientinnen zu unterstützen, aber auch vermehrt auf kollektiver Ebene, um kollektive Prozesse bewusst zu machen und positiv zu beeinflussen. Unsere kollektive soziale Norm des Schweigens (Nikendei, 2020), unser fehlendes konsequentes Handeln, um die bestehenden düsteren Prognosen abzuwenden, kann durchaus als Eigen- und Fremdgefährdung interpretiert werden, und das auf globaler Ebene (Chmielewski, 2019). Man kann zudem eine große Herausforderung unseres Gesundheitssystems antizipieren und eine potenzielle Überlastung erwarten. Durch die COVID-19-Pandemie konnten wir bereits die Effekte von Krisen auf die Nachfrage nach Psychotherapie erleben und anders als bei COVID-19 gibt es bei der Klimakrise keine Rückkehr zur alten Normalität (Thünker, 2022). Es ist ein Gesundheitsproblem unserer gesamten Gesellschaft, dem wir mit psychologischen und therapeutischen Mitteln begegnen sollten und für das langfristige Lösungen zu finden sind.

Dies soll nicht dazu auffordern, die therapeutische Abstinenz abzulegen und missionarisch zu agieren, sondern die Auswirkungen von kollektiver Vermeidung auch als Teil der individuellen und kollektiven Gesundheit zu betrachten und es an passender Stelle in ein ganzheitliches Störungsmodell einzubringen (siehe auch Kasten »Planetary Health« ▶ Kap. 6.1). Und wir wollen motivieren zu hinterfragen, welche Themen wir selbst mit in den Therapieraum bringen, welche Werte wir in uns tragen, welche Vermeidung. Dies soll heißen, dass wir uns auf den Weg machen, eine Meinung zur Klimakrisenthematik zu entwickeln und die Balance zu finden zwischen einer professionellen Haltung und Authentizität.

Zusätzlich ist zu differenzieren zwischen der Haltung als Psychologin und Psychotherapeutin in der klinischen Praxis und meiner Haltung als Privatperson und Bürgerin. Auch als Bürgerin kann ich wertvolle Perspektiven in den aktuellen Diskurs einbringen, kann psychologische Blickwinkel ergänzen, Kommunikation verbessern, hilfreiche mediale Darstellungen unterstützen und mich politisch engagieren. Der Berufsverband der deutschen Psychologinnen und Psychologen e.V. (kurz: BDP) hat 2021 in seiner Pressemitteilung verlauten lassen, dass die Klimakrise die größte Herausforderung unserer Zeit sei und initiiert mehr »psychologische Expertise« einzubringen.

Der BDP warnt ausdrücklich und mit Verweis auf die Berichte des Weltklimarates davor, die Klimakrise und ihre Folgen weiter zu unterschätzen. Nur ein wirksamer Klimaschutz, der die langfristige Entwicklung menschlicher Lebensbedingungen im Blick behält, ist auch ein wirksamer Umwelt-, Gesundheits- und schließlich Bevölkerungsschutz. Hierzu beizutragen, sieht der BDP für sich als eine zentrale Verantwortung an.

Selbsterfahrungsfragen

Nehmen Sie sich auch hier gerne einen Moment Zeit und reflektieren Sie für sich:

1. Wie sehr sind Sie aktuell selbst in der Vermeidung/im Erstarren/im Kampf? (▶ Kap. 2.2)
2. Wie beeinflusst Ihr Umgang mit den Klimagefühlen Ihre therapeutische Haltung?
3. Wie erleben Sie Ihren Anteil, Ihre Möglichkeiten im Umgang mit der Klimakrise?
4. Möchten Sie sich mehr einbringen in diese Gesundheitsproblematik? Inwiefern möchten Sie das tun?

Exkurs: Klimakrise und die systemische Perspektive

Expertinneninterview mit Prof. Dr. Maja Dshemuchadse

Zur Person: Maja Dshemuchadse ist promovierte Psychologin, systemische Therapeutin und Professorin für Kommunikationspsychologie und Organisationsberatung an der Hochschule Zittau/Görlitz. Gemeinsam mit Anna Georgi und Rebecca Jacob hat sie das Kapitel »Systemische Perspektiven auf Klimagefühle« im Buch »Climate Emotions« (2022) verfasst.

Es folgt ein Gespräch zwischen Maja Dshemuchadse (D.) und Christine Steinmetz (S.).

S.: Was sind wichtige Ideen der Systemik in Bezug auf die Klimakrise und unsere Belastung dadurch?
D.: Mir ist es wichtig voranzustellen, dass ich hier wirklich nur einen sehr knappen und selektiven Einblick geben kann. Die menschengemachte globale Erwärmung ist eine aus dem Ruder laufende Dynamik eines komplexen Systems. Insofern ist systemisch zu denken für die meisten Wissenschaftler:innen, die sich mit dem Thema Klimakrise beschäftigen, selbstverständlich.

Vereinfachend definiert, verstehen wir unter einem komplexen System eine Menge an Elementen, die ganzheitlich zusammenwirken, in Wechselwirkung zueinanderstehen und gegenüber der Umwelt abgrenzbar sind. Das Klima, die Gesellschaft, der Mensch, die menschliche Psyche – all dies sind komplexe Systeme, für deren Verständnis systemische Prinzipien nützlich sein können. Zentral ist dabei die Abkehr vom einfachen Ursache-Wirkungs-Denken, denn die einzelnen Elemente der Systeme sind rekursiv miteinander verknüpft und damit gleichzeitig Ursache und Wirkung. Diese Wechselwirkungen bestimmen die Dynamik des Systems, das heißt die Veränderungen des Systemzustands oder auch das Entstehen stabiler Muster. Systeme stabilisieren ihren Zustand, wenn die Elemente so miteinander verknüpft sind, dass Parameterveränderungen automatisch zu Gegenregulationen führen. Daher wird eine komplexe Analyse dieser Systemarchitektur benötigt, um so genannte Hebelpunkte zu identifizieren, an denen sich die Systemdynamik gezielt beeinflussen lässt. Genau vor dieser Herausforderung stehen wir, wenn wir die Dynamik der Klimakrise und auch die damit zusammenhängende Belastung der menschlichen Psyche, verändern wollen.

S.: Aus der systemischen Perspektive, welche Aspekte führen in diesem Rahmen zu Psychopathologien bei Menschen?

D.: Unter einer systemischen Perspektive fassen wir, um die Wechselwirkungen zwischen menschlicher Psyche und Klima zu analysieren, das uns interessierende System entsprechend weit. Dann definieren wir bestimmte Systemzustände oder -dynamiken als unerwünscht. Für uns Therapeutinnen stehen da weniger die Veränderungen des Klimas, sondern eben die emotionalen Reaktionen auf die Krise im Fokus. Diese emotionalen Reaktionen betrachten wir allerdings nicht primär als zu beseitigendes Leiden, sondern als Beiträge des Gesamtsystems, von denen wir annehmen, dass sie auf den Erhalt und die Stabilisierung des Systems ausgerichtet sind. Wenn es uns gelingt, die dahinterliegende Systemlogik nachzuvollziehen, können wir verstehen, welche Funktion die emotionalen Reaktionen haben. Aus der Emotionspsychologie wissen wir, dass Emotionen lenkende und kommunikative Funktionen haben können. Insofern übernehmen Menschen, die emotional stark auf die Klimakrise reagieren, möglicherweise für das Gesamtsystem die Rolle der Warner und Antreiber.

S.: Es gibt bezüglich des Umgangs mit den Klimagefühlen einige Übereinstimmungen mit der Perspektive der Verhaltenstherapie, was sind Ihrer Meinung nach wichtige Unterschiede?

D.: Auf der Grundlage des soeben Geschilderten ergibt sich durch die Verschiebung des verhaltenstherapeutischen Fokus auf das Individuum zu einem Fokus auf das Gesamtsystem erstmal ein ziemliches Dilemma. Wir verstehen jetzt emotionale Reaktionen Einzelner als wichtige Beiträge zur Lösung der Krise des Gesamtsystems. Mithin könnte die emotionale Entlastung durch Therapie in letzter Konsequenz dem Gesamtsystem schaden. Ist denn aber nicht genau die emotionale Entlastung unser therapeutischer Auftrag, wenn es um den Umgang mit negativen Klimagefühlen geht? Nicht unbedingt. Denn unter der systemischen Perspektive schauen wir bei der Wahl unseres therapeutischen Vorgehens nicht nur auf den Menschen, der vor uns sitzt, sondern denken das übrige System mit. Dementsprechend bleiben wir nicht bei Emotionsregulation und dem Auflösen kognitiver Verzerrungen stehen, sondern begeben uns gemeinsam mit den Betroffenen auf die Suche nach Lösungen, die einerseits die Logik des Gesamtsystems berücksichtigen und andererseits die individuelle Belastung senken. Die systemische Prämisse ist dabei, dass alle Lösungen bereits im System angelegt sind und wir sie nur aufgrund unseres Problemfokus, der uns an unseren bisherigen, altbekannten Mustern festhalten lässt, nicht erkennen können. Veränderung findet entsprechend durch eine Verschiebung der Aufmerksamkeit auf das, was bereits funktioniert statt, indem Ressourcen identifiziert und existierende Lösungsansätze Schritt für Schritt ausgebaut werden.

S.: Welche Aspekte der Systemik erscheinen Ihnen in der psychologischen und psychotherapeutischen Begleitung relevant, wenn uns Patientinnen begegnen, die unter Klimastress leiden?

D.: Ein weiterer Ansatz, neben dem soeben angesprochenen lösungsorientierten, der vielleicht noch typischer für die systemische Perspektive ist, ist der narrative Ansatz, der in verschiedener Lesart mittlerweile recht verbreitet ist. Im Mittelpunkt stehen die tagtäglich erzählten Geschichten, mit denen wir Sinn und Identität stiften. Das geschieht im Privaten und in der Öffentlichkeit parallel, wobei sich bestimmte Erzählweisen verfestigen und unseren Umgang mit der Welt prägen. Nehmen wir beispielsweise den im Kontext von Stress oft genannten Begriff der Resilienz. Die verbreitete Erzählung ist, dass es sich hierbei um die Eigenschaft einer Person handelt. Verfügt eine Person über viel Resilienz, ist sie anpassungsfähiger und kann entsprechend der lateinischen Bedeutung des Wortes den Stress von sich »abprallen« lassen. Daher setzen wir bei der Resilienzstärkung unhinterfragt am Individuum an, das wir dazu trainieren, die stressige Umwelt besser zu managen oder zu bewältigen. Wenn wir von Resilienz als Eigenschaft des Systems sprechen würden, dann kämen plötzlich ganz andere Aspekte in den Blick. Evolutionstheoretisch entsteht Resilienz keineswegs durch einen optimalen Fit an die aktuelle Umwelt, sondern durch Vielfalt: Je heterogener eine Population, umso besser kann sie sich anpassen. Auch als Gesellschaft benötigen wir sehr unterschiedliche Beiträge möglichst vielfältiger Individuen, um die Klimakrise zu bewältigen. Solche Beiträge können positive Narrative zur Bewältigung von Klimastress sein. Denn das eintönig und weit verbreitete Verzichtsnarrativ »Ich muss auf klimaschädlichen Konsum verzichten.« erzeugt zwangsläufig Stress. Selbst wenn wir versuchen, der Aufforderung zu folgen, treten immer wieder Situationen auf, in denen wir daran scheitern und Schuld-, Angst- und Schamgefühle ausgelöst werden. Stattdessen könnten wir beispielsweise ein Zugehörigkeitsnarrativ erzählen: »Ich gehöre zu einer Gruppe Menschen, die sich gemeinsam für den Schutz der Artenvielfalt einsetzt.« Das impliziert emotionale Unterstützung durch die Mitmenschen und mit jeder aktiven Handlung wird Stolz, Freude und Zuversicht ausgelöst.

5 Förderung von Klimaresilienz

> **Zusammenfassung**
>
> Resilienz ist ein weitreichendes und wichtiges Konstrukt, auch im Kontext der Klimakrise und ihrer Auswirkungen. Anders als bei manch anderen Widrigkeiten ist hier keine reine Anpassung an die Problematik ausreichend, weswegen bezüglich der Klimaresilienz ein Zusammenspiel aus Adaption und Transformation von Nöten ist. Adaption beinhaltet die Anpassung an die neuen Umstände und Förderung der Verarbeitung hiervon. Transformation bedeutet auf individueller und kollektiver Ebene eine Veränderung in Richtung einer nachhaltigeren und werteorientierten Welt. Hierbei kann sich auf bisherige Erfahrungswerte im Umgang mit der Klimakrise bezogen und Wissen bezüglich Resilienz im Allgemeinen nutzbar gemacht werden. Resilienz kann als dispositioneller Faktor und zudem als Prozess verstanden werden, der dynamisch gestaltet werden sollte.

5.1 Resilienz im Allgemeinen

Trotz der hohen Prävalenz stressassoziierter psychischer Problematiken, zeigen Menschen im Umgang mit allen möglichen Widrigkeiten immer wieder erstaunliche Fähigkeiten sich anzupassen und diese Widrigkeiten zu bewältigen, ohne dabei Psychopathologien zu entwickeln (Bonanno, 2008). Die Resilienzforschung hat in den vielen Jahren ihres Bestehens diverse wichtige Erkenntnisse hierzu erbracht. Es zeigt sich immer wieder, dass viel getan werden kann, um Resilienz auf individueller und kollektiver Ebene zu unterstützen (u. a. Clayton et al., 2021). Da der Stand der Forschung zu Resilienz im Umgang mit der Klimakrise noch in den Kinderschuhen steckt, wird im Folgenden ein Einblick in die Resilienzforschung im Allgemeinen gewährt. Aus ihr können viele Schlüsse für unseren spezifischen Blickwinkel gezogen werden. Sie sollen als Basis für die Überlegungen bezüglich der theoretischen und praktischen Aspekte der Klimaresilienz in den hierauf folgenden Kapiteln dienen.

Das Wort Resilienz wird abgeleitet vom Lateinischen (*resilire*) und bedeutet übersetzt *abprallen, zurückspringen*. Es gibt verschiedene Definitionen des Resilienzbegriffs und die Operationalisierung und Definition hiervon gestalteten sich je nach Untersuchung sehr heterogen. Im Allgemeinen versteht sich darunter eine psychische Widerstandskraft gegenüber Stressoren und eine Bewältigung dieser ohne bleibende Beeinträchtigungen. Eines der ersten Modelle zum Thema Widerstandsfähigkeit war das Salutogenese-Modell (Antonovsy, 1979), welches einen bis dahin innovativen Blick auf das Thema Gesundheit warf. Gesundheit wurde von ihm als ein flexibler und dynamischer Zustand beschrieben, der sich bei vorhandenen passenden Ressourcen selbst regulieren kann, dabei jedoch auch fragil ist. Hierbei müssen die dafür notwendigen Ressourcen und Wirkfaktoren auf persönlicher als auch auf gesellschaftlicher Ebene vorhanden sein, um Gesundheit möglich zu machen. Laut Antonovsky (1993) steht dabei ein Gefühl von Kohärenz als Zusammenspiel aus Gefühlen der Verstehbarkeit, der Handhabarkeit und der Sinnhaftigkeit im Mittelpunkt der Gesundheitsförderung. Lepore & Revenson (2006) verdeutlichten verschiedene Aspekte des Resilienzbegriffs und definierten drei Unterformen von Resilienz:

- *Resistenz:* Widerständen trotzen können und Immunität aufbauen,
- *Regeneration:* sich an Widerstände für eine gewisse Zeit anpassen, dadurch belastet sein und nach deren Abflauen wieder in die ursprüngliche Form zurückfinden und
- *Rekonfiguration:* sich durch die Widerstände und Belastungen verändern, sich an die neuen Bedingungen anpassen und sich transformieren.

In der neueren Forschung werden psychische Faktoren im Zusammenhang mit psychosozialen, neurobiologischen und physiologischen Aspekten untersucht, um die Modelle um diese wichtigen Faktoren zu ergänzen. Es wird vermutet, dass die zahlreichen Resilienzfaktoren durch wenige übergeordnete Resilienzmechanismen auf kognitiver und neuronaler Ebene mediiert werden, was auch die geringe Vorhersagekraft der einzelnen Faktoren erklären könnte. So könnte der Resilienzfaktor der sozialen Eingebundenheit, zum Beispiel durch den Austausch mit Nahestehenden, nach einem erlebten Stressor dazu beitragen, das Erlebte als Chance zu betrachten. Der übergeordnete Resilienzmechanismus wäre dabei ein positives »Reframing« des erlebten Stresses (Kunzler et al., 2018). Durch diese Konzeption von Resilienz erscheint es sinnvoll, nicht nur spezifische problemorientierte Resilienzfaktoren, sondern auch auf die Situation abgestimmte übergeordnete Mechanismen besser zu verstehen und zu fördern. Weitere Studien hierzu sind in Form von prospektiven Längsschnittstudien notwendig und aktuell national und international in Arbeit (u. a. das Resilienz Projekt, MARP).

In Untersuchungen wurde seit vielen Jahren exploriert, insbesondere seit den 1990ern, welche Faktoren zum psychischen Schutz dienen und welche als Risikofaktoren dabei wirken (Bengel & Lyssenko, 2012). Es zeigte sich, dass die bis dahin vorherrschenden pathogenetisch orientierten Modelle die Resilienz der Menschen, die von teils extremen Belastungen betroffen waren, unterschätzten. In der frühen Resilienzforschung wurde anfänglich vor allem bezüglich stabiler Persönlichkeitsmerkmale geforscht, während in der aktuellen Konzeption Resilienz meist als Produkt veränderbarer Eigenschaften und (Resilienz-)Faktoren in Form eines Anpassungsprozesses verstanden werden (Kunzler et al., 2018). Durch die Brille der Prozessperspektive ergeben sich verschiedene Eigenschaften der Resilienz: Sie ist (frei nach Bengel und Lyssenko, 2012) über die Zeit hinweg:

- *dynamisch:* Resilienzfaktoren interagieren prozesshaft miteinander und entwickeln sich weiter, ebenso gibt es Interaktionen zwischen dem Individuum und der Umwelt
- *variabel:* es ist kein zeitlich stabiles Merkmal,
- *situationsspezifisch:* im Sinne der individuellen Beurteilung und erlebten Bedrohlichkeit des Stressors und
- *multidimensional:* Bewältigungsstrategien können in unterschiedlichen Lebensbereichen unterschiedlich ausgeprägt sein.

Konkrete Resilienzfaktoren benennt unter anderem Nikendei (2022) im Hinblick auf den Schutz vor der Entwicklung einer Posttraumatischen Belastungsstörung nach dem Erleben eines Traumaereignisses. Diese sind: soziale Unterstützung und Zugehörigkeitsgefühle, Kohärenzgefühle, ein sicherer Bindungsstil, Resilienz (also Widerstandsfähigkeit) an sich und, im Fall von geflüchteten Menschen, Sprachkenntnisse, um sich zu verständigen. Nach Fröhlich-Gildhoff & Rönnau-Böse (2022) sind sechs evidenzbasierte Mechanismen der Resilienz zu nennen: Selbstwahrnehmung, Selbstwirksamkeit, Selbstregulation, soziale Kompetenzen, Problemlösefertigkeiten und Stressbewältigung. Durch die Bundeszentrale für politische Aufklärung wurde eine Übersichtsarbeit erstellt, die relevante und in zahlreichen Studien untersuchte Resilienz- und psychologische Schutzfaktoren im Erwachsenenalter beschreibt (Bengel & Lyssenko, 2012). Diese Faktoren (die jedoch noch weitere wissenschaftliche Überprüfungen benötigen, um genauere Aussagen über die Effekte tätigen zu können) lauten gemäß den Untersuchenden: Positive Emotionen, Optimismus, Hoffnung, Selbstwirksamkeitserwartung, Selbstwertgefühl, Kontrollüberzeugung, Kohärenzgefühl, Hardiness, Religiosität/Spiritualität, Coping und Soziale Unterstützung.

Der Resilienzbereich der *Rekonfiguration* nach Lepore und Revenson (2006) besitzt einige inhaltliche und empirische Überschneidungen mit dem Konzept der *Posttraumatischen Reifung* beziehungsweise des *Posttraumatischen Wachstums*. Dieses Konzept widmet sich der Tatsache, dass manche Menschen, die Widrigkeiten erleben, die stark belastend sind und ihre Weltsicht ins Wanken bringen, dauerhaft auch positive psychische Veränderungen nach der Bewältigung dieser vorweisen können, zum Beispiel stärkere und innigere soziale Verbindungen oder den Erwerb neuer Fähigkeiten. Es wird vermutet, dass diese Veränderungen durch einen positiven Anpassungsprozess zentraler Kognitionen und Verhaltensweisen von statten gehen, welcher auch im Mittelpunkt der Prozesse der Rekonfiguration steht (Bengel & Lyssenko, 2012). Hier kann auch ein Bezug zu den Aspekten des Kohärenzgefühls hergestellt werden, die von Antonovsky (1993) postuliert wurden: Im Laufe des Prozesses der Posttraumatischen Reifung wächst die *Verstehbarkeit* durch ein Ordnen des traumatischen Erlebten, was die *Handhabbarkeit* erhöht und das Auseinandersetzen mit der *Sinnhaftigkeit* des Erlebten erst möglich macht.

Der Begriff *Posttraumatisches Wachstum* wurde als solcher durch Tedeschi und Calhoun (2004) geprägt und es wird im deutschen Sprachgebrauch auch von *Posttraumatischer Reifung* (Maercker, 1998) gesprochen. Bei dieser Posttraumatischen Reifung geht es um die Veränderungen nach der Konfrontation mit nicht normativen Erlebnissen, die die bisherige Weltsicht erschüttern und eigene Werte und Ziele in Frage stellen. Anders als bei Resistenz oder Regeneration (nach Lepore & Revenson, 2006) geht es hier um eine Transformation, die über den vorher bestehenden Zustand hinausgeht. Eines der bekannteren Modelle hierzu stammt von Tedeschi und Calhoun (1996), welche mithilfe von Interviews und einer Literaturrecherche positive Veränderungen durch Bewältigungsbemühungen nach traumatischen Ereignissen strukturierten. Sie fanden dabei fünf Dimensionen der Posttraumatischen Reifung, die im Rahmen von kognitiv-emotionalen Verarbeitungsprozessen auftreten können (frei nach Tedeschi & Calhoun, 1996):

- *Wertschätzung des Lebens:* mehr Wertschätzung und Dankbarkeit gegenüber den kleinen Genussmomenten des Lebens, weniger Selbstverständlichkeit, Veränderung von Prioritäten
- *erfüllendere Beziehungen zu anderen:* bestehende positive Verbindungen als erfüllender erleben, nicht erfüllende Verbindungen beenden,
- *persönliche Stärke:* Finden von Stärke in der eigenen Verletzlichkeit, mehr Zuversicht in das Meistern von Schwierigkeiten und
- *neue Möglichkeiten:* in Frage stellen alter Muster und Erschließen neuer Lebenswelten,
- *religiöse/spirituelle Veränderungen:* mehr Bezug und Interesse an den existenziellen Fragen des Lebens, mehr Spiritualität.

Tedeschi und Calhoun (2004) gehen davon aus, dass während dieses Verarbeitungsprozesses prätraumatische Annahmen, Ziele und so weiter abgeschafft werden und adaptivere geschaffen werden, sodass das traumatische Erlebnis in ein sinnhafteres Narrativ eingebettet werden kann. Dies geschieht teilweise durch automatische Rumination und teilweise durch bewusste Reflexionen. Ein Kritikpunkt der Konzeption ist, dass in den bestehenden Studien und Metaanalysen bisher zwischen Posttraumatischer Reifung und psychischer Symptomatik kein konsistenter Zusammenhang gefunden werden konnte (Zoellner & Maercker, 2006). Es sei jedoch davon auszugehen, dass echte Posttraumatische Reifung mit adaptiven Prozessen und einem Schutz bezüglich potenzieller zukünftiger Stressoren assoziiert ist.

Zusammenfassend lässt sich zur Resilienz sagen, dass es verschiedene gewinnbringende Perspektiven auf das Konstrukt gibt, die sich vielfältig nutzbar machen lassen. Resilienz kann als dispositioneller Faktor verstanden werden, eine Kapazität, die kollektiv und individuell gefördert werden kann. Zudem können wir sie auch als einen Prozess sehen, der dynamisch im Zusammenspiel von Aufbau oder Stärkung von Schutzfaktoren und dem verbesserten Umgang mit Risikofaktoren gestaltet werden kann. Und genauso ist Resilienz auch ein Ergebnis im Sinne eines gesunden Umganges mit einer Krise oder der Bewältigung eben dieser (Peter & Niessen, 2022).

5.2 Ein theoretischer Einstieg in die Klimaresilienz

»Klimaresilienz [ist] die psychische Fähigkeit und Ressource, Belastungen durch die Klimakrise gesund kognitiv, emotional, zwischenmenschlich und handlungsorientiert zu verarbeiten und so als Anlass für Entwicklung zu nutzen.« (Dohm & Klar, 2020, S. 106)

Durch die menschengemachte Klimakrise kommen massive Stressoren auf uns zu und insbesondere Menschen im globalen Süden spüren diese Auswirkungen bereits deutlich. Die Klimakrise vereint viele Aspekte, die uns besonders herausfordern, potenziell traumatisch sind und bei denen wir nur sehr eingeschränkt auf bereits vorhandene Erfahrungen zurückgreifen können. Wenn Menschen ein Ereignis als nicht gut vorhersehbar, als unkontrollierbar, ambig und von Menschen verursacht wahrnehmen, steigert dies die dadurch erlebte Belastung (Bengel & Lyssenko, 2012). All diese Aspekte sind in Bezug auf die Klimakrise erfüllt. Deswegen ist es umso wichtiger, Wissen bezüglich eines resilienten Umgangs zu sammeln und es zu erweitern, da diese Krise für uns alle zu einem gewissen Grad überfordernd ist. Natürlich gibt es diesbezüglich keine Patentlösung. Es gibt verschiedene Wege, uns selbst und andere in dem Prozess zu unterstützen, mit dem Stress, den diese Krise auslöst, umzugehen. Das Ziel ist dabei, konstruktive Lösungen zu finden, gesundes nachhaltiges Handeln zu fördern und nicht auf dysfunktionale Strategien wie dauerhafte Verdrängung oder Verleugnung auszuweichen.

Im Hinblick auf die uns herausfordernden Krisen des Klimas, der Biodiversität und all der damit zusammenhängenden umweltbezogenen Krisen kann das zuvor beschriebene Wissen bezüglich Resilienz im Allgemeinen (▶ Kap. 5.1) herangezogen und weiterentwickelt werden. Im Folgenden werden verschiedene Blickwinkel der Klimaresilienz vorgestellt und im hierauf folgenden Teil praktische Übungen und ergänzende Aspekte hierzu beschrieben (▶ Kap. 6). Wir möchten jedoch betonen, dass Klimaresilienz immer ganzheitlich und systemisch eingebettet betrachtet werden muss. Alle in diesem Kapitel oder im Praxisteil diskutierten Aspekte von Klimaresilienz sollen als nur ein Teil umfassender ganzheitlicher Veränderungen in Richtung mehr Nachhaltigkeit verstanden werden. Sie müssen stets verbunden sein mit einer gesunden systemischen Transformation, aufbauend auf einem zukunftsfähigen Werteverständnis.

Ein reines Aushalten und Anpassen, wie es bei anderen menschlichen Krisen oft ausreichend gewesen ist, ist im Falle der Klimakrise nicht genug. Gemäß dem Modell von Lepore und Revenson (2006) würden wir hier von den Resilienzbereichen der *Resistenz* oder *Regeneration* sprechen. Eine reine Adaption an die sich verändernden klimatischen Bedingungen, die veränderten Lebensräume und die vielen weiteren Konsequenzen der Krise würde unsere Situation auf dem Planeten langfristig weiter verschärfen – Kipppunkte würden überschritten und die planetaren Grenzen weiter ignoriert werden. Eine Resilienz, die über die Anpassung hinausgeht, würde auf kollektiver Ebene unter anderem bedeuten, bestehendes Wissen bezüglich der Klimakrise bekannt zu machen, neues hilfreiches Wissen zu bilden und allgemein erreichbar zu machen. Es bedeutet auch, Netzwerke aufzubauen, die Kommunikation untereinander zu fördern, sowie gesunde gesellschaftliche Normen zu etablieren, die gewünschtes Verhalten wahrscheinlicher machen

(Clayton et al., 2021). In diesem Kontext sind neben psychologischen Faktoren natürlich auch politische und ökonomische Interessen zu beachten, die das aktuell nicht ausreichende Krisenmanagement miterklären. Es handelt sich um ein komplexes Zusammenspiel vieler verschiedener Faktoren, von denen manche leichter zu beeinflussen sind als andere.

Laut Dohm und Klar (2020, siehe auch Zitat zu Kapitelbeginn) ist Klimaresilienz zum einen eine *Ressource* und zum anderen auch ein *Prozess*. Es geht darum, in der Krise die eigenen emotionalen und kognitiven Reaktionen und das eigene Handeln zu reflektieren und sich Wissen anzueignen, das als Basis für ein angemessenes und nachhaltiges Handeln dienen kann. Im psychotherapeutischen Kontext sind dabei die Resilienzfaktoren von besonderer Relevanz, die durch äußere Impulse und Entwicklungsangebote unterstützt werden können. Diese individuelle Resilienz in Verbindung mit einer wachsenden Selbstwirksamkeitserwartung ist dann wiederum eine Voraussetzung für gesunde gesellschaftliche Veränderungen, an denen sich vor allem resiliente Individuen engagiert beteiligen können (Peter & Niessen, 2022). Auf der individuellen Ebene bedeutet Klimaresilienz also nicht allein die krisenhafte Situation auszuhalten oder gar in eine alte »Normalität« zurückzufinden. Es geht um ein Zusammenspiel aus *Adaption* an die Krise und deren Folgen und *Transformation* – also einem Hinauswachsen über das zuvor bestehende Level, durch die Konfrontation und das ehrliche Auseinandersetzen mit den Widerständen (Dohm & Klar, 2020, Peter & Niessen, 2022).

Im Rahmen eines therapeutisch begleiteten sowie auch unbegleiteten Anpassungs- und Transformationsprozesses ist es wichtig, auf der Ebene der *Adaption* einen Austausch unter Betroffenen und das Gemeinschaftserleben zu fördern, den Wechsel von Blickwinkeln zu unterstützen sowie eine Betonung von Regenerationszeiten und einer Balance von gesunder Abgrenzung und der Auseinandersetzung mit dem Erlebten (Niessen et al., 2021). Bezüglich der *Transformation* stehen die Möglichmachung von Selbstwirksamkeitserleben in sozialen oder politischen Gruppen im Vordergrund, um Teil von kollektivem Wandel zu sein und die Gefühle in Handlung umzusetzen (u. a. Clayton et al., 2021, Peter & Niessen, 2022).

Oft geht es bei der klinischen Arbeit oder in Bezug auf menschliche Entwicklung an sich darum, uns aus einer kurzfristig orientierten Perspektive zu lösen und langfristig nachhaltige Wege zu erarbeiten, was auch in diesem Kontext essenziell scheint. Wir möchten diese Krise möglichst gesund bewältigen, also die erlebten Klimagefühle verarbeiten und sie auch als Motor für eine sinnhafte Transformation nutzbar machen. Ziel ist es, kognitiv, emotional und habituell gesund mit der Krise umzugehen, sie nachhaltig zu bewältigen und sie als Chance zu sehen, Neues zu schaffen (Dohm und Klar, 2020). Diese Form der langfristigen Transformation, auch transformative Resilienz genannt, beinhaltet Überschneidungen mit dem zuvor besprochenen Konzept der Posttraumatischen Reifung, und bezieht sich auf ein Zusammenspiel der individuellen und kollektiven Resilienzebenen. Die von Tedeschi und Calhoun (1996) diskutierten Dimensionen dieser Reifung (▶ Kap. 5.1) erscheinen im Kontext der Klimakrise sehr relevant und könnten Ergebnis und Prozessfaktoren sein. Die Reifung kann zum Beispiel zur Folge haben, dass ein Mensch bessere Beziehungen führt, über mehr Empathievermögen und ein tieferes Verständnis bezüglich der eigenen Stärken verfügt. Die erlebten Widerstände können Katalysatoren sein für einen gesunden Wandel der Einstellungen und der Perspektiven. Konkret unterstützen könne man Prozesse des Posttraumatischen Wachstums laut Joseph (2011) unter anderem durch ein Fördern von Unsicherheitstoleranz, der allgemeinen emotionalen Kompetenzen und der Übernahme von Verantwortung für sich selbst.

Es gibt einige existierende Resilienzprogramme, die weniger einzelne Schutzfaktoren ansprechen, sondern vordergründig psychoedukativ ausgerichtet sind und Resilienzmodelle und deren praktische Anwendung vermitteln. Diese Resilienzprogramme sind teilweise als kollektive und Gruppenmaßnahmen vorgesehen und können breit angewandt werden. Auch eine Spezifizierung auf das Thema Klimaresilienz wäre unserer Meinung nach gut umsetzbar, um Menschen bezüglich individueller und kollektiver Schutzfaktoren zu schulen und ihnen niedrigschwellige Möglichkeiten zu bieten, Resilienz aufzubauen. Ein Programm von Steinhardt & Dolbier (2008), welches für den universitären Kontext konzipiert wurde, beinhaltet zum Beispiel die Bausteine:

- Das Resilienzmodell verstehen, erste emotions- und problemorientierte Bewältigungsstrategien kennenlernen und ausprobieren.
- Die Bedeutung der Eigenverantwortung für die Bewältigung wird vermittelt, Beziehung zum Selbstwertgefühl wird erklärt.
- Die Rolle der eigenen Bewertungen mit ihren stressverschärfenden und stressmildernden Effekten verstehen.
- Bedeutungsvolle Verbindungen aufbauen, das soziale Netz stärken.

Ein therapeutisches Ziel im Rahmen der Förderung von Klimaresilienz kann sein, den Patientinnen zu helfen, ein höheres Maß an internaler Kontrolle gegenüber den Klimagefühlen zu verspüren und Regulationsmechanismen dafür zu erarbeiten. Auch kann ein weiteres Ziel sein, ihnen zu ermöglichen diese Klimagefühle mit anderen Menschen zu teilen, Verbindungen und gemeinsame Werte zu schaffen, anstatt sich von anderen zu entfremden. Durch die Förderung einer adaptiven Verarbeitung schwieriger Emotionen kann dann wiederum die Handlungsfähigkeit gefördert werden. Relevant dabei ist auch die kleinschrittige Prozessbegleitung langfristiger Veränderungen. Eine Krisenbewältigung in diesem Ausmaß ist kein Sprint, sondern ein Marathon. Um dies zu meistern, benötigen Menschen laut Luthmann (2018) Sinnerleben, Achtsamkeit, tiefe soziale Verbindungen und Verbindungen mit der Natur.

Auch Zuversicht, Dankbarkeit und Hoffnung sind im Kontext von Klimaresilienz relevante Faktoren. Diese können den Menschen ermöglichen, positive Gedanken und Empfindungen aus und in der Krise zu ziehen, die wiederum als Ressourcen wirken können. Wichtig erscheint dabei die Unterscheidung von Optimismus und Hoffnung. Hoffnung beschreibt die Ansicht, dass eine Überwindung der Krise eine mögliche Option ist, wohingegen Optimismus eine falsche Zuversicht im Sinne von »wird schon gut gehen« suggerieren kann, was wiederum zum Unterlassen von relevanten Handlungen führen kann (Clayton et al., 2021). Von Katterman (2022) wird aus psychodynamischer Perspektive eine transformative

I Theoretische Hintergründe

Hoffnung im Sinne von »wir wissen nicht, wie es ausgehen wird und sehen die Option, dass es nicht funktionieren wird, aber wir geben unser Bestes« diskutiert. Diese ermöglicht es, Hoffnung als Ressource in sich zu tragen, ohne die Realität und die bestehenden Risiken verleugnen zu müssen. Dies beinhaltet eine tiefgehende Veränderungsbereitschaft, das Aushalten der gewissen Hoffnungslosigkeit und der Unsicherheit sowie ein Abtrauern des Verlorenen. Der therapeutische Arbeitsauftrag ist es dann, diese Affekte in aushaltbare und »verdaubare« Anteile zu überführen und aufzuarbeiten.

Insgesamt geht es beim Aufbau von Klimaresilienz um die Bewältigung von teilweise stark überfordernden Gefühlen. Durch Regulation und eine gesunde Abgrenzung einerseits und Achtsamkeit und Emotionsanerkennung andrerseits soll ein bewältigbares Gefühlsausmaß erreicht werden (Dohm und Klar, 2020). Es geht darum einen klimaresilienten Mittelweg zu finden zwischen dem sich verlieren in der Emotion und dem Verleugnen, was beides als nichtadaptiv zu verstehen ist. Laut Dohm und Klar (S. 107) sind die in der Abbildung 5.1 dargestellten Aspekte zu fördern, welche sich in der Unterstützung von klimaengagierten Menschen bewährt haben:

Abb. 5.1: Zehn Klimaresilienzstrategien

Diese auf Beobachtungen und Erfahrungen basierenden Vorschläge zur Unterstützung von Klimaresilienz korrespondieren in großen Anteilen mit den evidenzbasierten Empfehlungen der American Psychological Association (frei nach Clayton et al., 2021):

- Selbstwirksamkeit stärken und Zuversicht bezüglich der eigenen Fähigkeiten aufbauen,
- sich einen hoffnungsvollen Blick bewahren, die Krise als Chance nutzen,
- entschlossene Maßnahmen ergreifen, einen aktiven Umgang pflegen (langfristig orientiert),
- bedeutungsvolle Verbindungen zu anderen aufbauen und stärken, soziale Unterstützung als Ressource nutzen,
- Sinnhaftigkeitserleben fördern und Werte neu definieren,
- für sich selbst sorgen, individuelle Vorbereitungen treffen (z. B. Strategien für sich sammeln, Lebenssituation anpassen),
- Verbindungen zu Orten fördern und aufrechterhalten, falls möglich.

Weitere in der Psychotherapie förderbare Schutzfaktoren der Klimaresilienz nach Nikendei (2020) sind die Förderung von Naturverbundenheit, ein Entschleunigen und die Anerkennung der eigenen Grenzen. Klimaresilienz würde auch bedeuten, die eigenen Narrative über die Welt, über sich selbst und das Zusammenspiel mit der Natur zu verändern und dadurch über einen individualistischen Blickwinkel hinauszuwachsen. Ebenso seien ein stabiles Identitätserleben und eine Selbstwert- sowie Impulssteuerung wichtige Faktoren. Auch die Rolle von Psychotherapeutinnen als Gleichgesinnte und Vorbilder ist dabei relevant.

Zusammenfassend lassen sich einige Punkte bezüglich des Konzeptes der Klimaresilienz betonen: Es geht um die Förderung eines Zusammenspiels aus *Adaption* an die neue Situation, unter anderem durch neue emotionale Fertigkeiten, und *Transformation*, sowohl seiner selbst als auch der Gesellschaft, um das Verhalten anzupassen und sich darauf zu besinnen, was uns nachhaltig guttut. Ein besonderer Fokus liegt dabei auf dem Annehmen und Raum geben von Gefühlen, einem Anerkennen von Verlust und Schmerz durch die Veränderungen sowie einer Förderung der Regulation dieser Affekte. Es erscheint wichtig und notwendig, Kompetenzen im Umgang mit chronischem Stress und potenziell traumatisierenden Erlebnissen aufzubauen. Ein allgemeiner Resilienzfaktor, der in Bezug auf die Klimakrise immer wieder genannt wird, ist die Verbindung zu anderen Menschen, aber auch zur Natur. Auch eigene Anteile an der Krise, eigene Verzerrungen sollten reflektiert werden und die individuellen und kollektiven Wertevorstellungen hinterfragt werden. Dieser Prozess sollte eingebettet sein in das Verständnis, dass wir für uns alleine stehend diese Krise nicht bewältigen können. Nur durch systemische Veränderungen und kollektive Kraftaufwände können wir diese Krise in Richtung eines noch voraussichtlich handhabbaren Levels beeinflussen. Viele Generationen von Menschen, zahllose Tiere und die Natur werden unter den Konsequenzen der menschengemachten Klimakrise leiden. Dies macht es so wichtig, dass wir unseren uns innewohnenden Impuls nutzen, zu wachsen, uns weiterzuentwickeln und zu lernen, mit dieser Herausforderung umzugehen.

Selbsterfahrungsfragen

Wir laden Sie ein zu einer erneuten kurzen Reflexion. Nehmen Sie sich einen Moment Zeit, um Ihre eigenen Emotionen und Gedanken zum Thema Resilienz wahrzunehmen.

- Wie geht es Ihnen mit dem Gelesenen, was löst es bei Ihnen aus?
- Welche Faktoren der Klimaresilienz sehen Sie bei sich als gegeben an?
- Welche Faktoren halten sie für ausbaubar im Hinblick auf Ihre eigene Klimaresilienz?
- Gibt es Ziele diesbezüglich? Was würden Sie gerne umsetzen?

II Praktische Anwendung

6 Psychotherapeutische Methoden

> **Zusammenfassung**
>
> Im zweiten Teil dieses Buches geht es um die praktische Förderung von Klimaresilienz im Kontext von Psychotherapie. Bei der Behandlung und Beratung von Menschen, die Klimagefühle erleben, geht es darum, einen Raum zu schaffen, in dem diese Gefühle gespürt und verhaltensorientiert verarbeitet werden können. Dabei ist es wichtig als Therapeutin mit der wissenschaftlichen Faktenlage vertraut zu sein. Mithilfe von weiteren Hintergründen, Übungen und Therapieausschnitten, unter anderem aus der Akzeptanz- und Commitment-, der emotionsfokussierten und der kognitiven Therapie, werden Impulse für die psychotherapeutische Praxis aufgezeigt. Außerdem geht es um eine Unterstützung der Werteorientierung, Naturverbundenheit, Selbstfürsorge und des Klimaengagements.

»Mit existenzieller Angst zu leben, bedeutet eine Gradwanderung entlang eines Abgrunds des Aushaltbaren. Erst wenn die Angst tolerierbar wird, kann sie konstruktiv wirken.« (Kattermann, 2022, S. 282)

Nachfolgend möchten wir einige Möglichkeiten vorstellen, psychotherapeutische Methoden auf Klimagefühle anzuwenden. Dabei nutzen wir Elemente und Konzepte, die Ihnen wahrscheinlich aus Ihrer therapeutischen Praxis bekannt sind. Klimagefühle sind eingebettet in den persönlichen Bezugsrahmen der Patientin und der Leidensdruck entsteht dementsprechend an einer individuellen Stelle. Dies kann zum Beispiel ein innerer Konflikt zwischen verschiedenen Bedürfnissen sein (z. B. umweltfreundliches Verhalten und Verzicht versus Bequemlichkeit), aber auch eine Überforderung mit den überwältigenden aversiven Gefühlen oder eine reale Überforderung im Handeln (z. B. Activist Burnout). Die dysfunktionalen Muster, die uns bei der Arbeit mit Klimagefühlen begegnen, sind oft auch wirksam in anderen Lebensbereichen, der Fokus dieses Kapitels liegt jedoch spezifisch auf der Förderung der Funktionalität im Umgang mit der Klimakrise. Bei der Förderung der Klimaresilienz besteht stets das immanente Ziel, Menschen in die Handlungsfähigkeit zu führen. Andrerseits muss an dieser Stelle ganz ausdrücklich betont werden, dass die Klimakrise nur kollektiv bewältigt werden kann und Psychotherapie nicht zwangsläufig bei der Bewältigung der Krise und beim Aufbau resilienter Strukturen benötigt wird. Sie kann aber eine große Hilfe darstellen, um gesunde Anpassungsprozesse zu unterstützen.

Für all diese und viele weitere Probleme haben wir therapeutisches Handwerkszeug und sind als Psychotherapeutinnen bestens ausgebildete Expertinnen, um Klimaresilienz zu fördern und eine ehrliche Auseinandersetzung mit der Thematik zu begleiten. Die im Folgenden beschriebenen Methoden sind alle Teil von theoretischen Konzepten, welche in weiterführender Literatur vertieft ausgeführt werden. Es ist dabei nicht unser Anspruch, die relevanten zugrundeliegenden Konzepte umfassend oder gar vollständig zu erläutern. Wir möchten an dieser Stelle nur einen Einblick in die Möglichkeiten geben, bereits bekannte Strategien auf diese Thematik passend anzuwenden. Einige Methoden haben dabei ähnliche Ziele, bedienen sich jedoch verschiedener Herangehensweisen.

Unser allgemeines psychotherapeutisches Ziel ist es oftmals, übermäßigen Leidensdruck zu mindern. Wir möchten jedoch hier noch einmal hervorheben, dass ein gewisser Leidensdruck in Bezug auf die Klimakrise funktional ist. Die Krise im Allgemeinen und der Leidensdruck im Besonderen zeigen uns auf, an welchen Stellen unserer Gesellschaft, des Umgangs mit anderen Menschen und der Natur, wir uns ungesundes Verhalten, ungesunde Werte angeeignet haben und Veränderung passieren muss. Die gesamtgesellschaftliche Neigung zur Unterschätzung der Gefahren durch die Krise und der nicht ausreichende Klimaschutz ist kein adaptiver Umgang mit der Klimakatastrophe. Die Situation als Gefahr einzuschätzen, löst zwar unangenehme Gefühle aus, aber sie motiviert auch dazu, ins Handeln zu kommen. An dieser Stelle möchten wir ansetzen, um Patientinnen zu helfen, die sich von der Klimakrise belastet fühlen.

Notwendigerweise liegt dem eine einigermaßen realistische Einschätzung der Lage zugrunde, sowie der Wunsch, das Vermeiden zumindest ab und an aufzugeben. Im nächsten Schritt gilt es, adaptives Verhalten im Sinne von Engagement zu fördern und individuelle Ressourcen und Stärken nutzbar zu machen, um aus der Erstarrung herauszutreten. Ebenso ist es jedoch notwendig im aktiven Kampf-Modus, eigene Grenzen anzuerkennen, um nicht wiederholt frustriert oder überfordert zu werden.

Dabei ist die umfassende therapeutische Zielstellung, Patientinnen dabei zu unterstützen, ihre Gefühle ausreichend regulieren zu können, sodass ein Erstarren oder Vermeiden weniger verlockend ist. Dohm et al. (2023, S. 3) beschreiben den Arbeitsauftrag folgendermaßen: »Gemeinsam mit den Patient:innen wird nach der individuell richtigen Mischung von Engagieren, Akzeptieren und Pausieren gesucht.« Es ist also nicht die Aufgabe, Leidensdruck per se zu eliminieren, sondern ihn in Balance zu halten und funktional zu nutzen, um in der Krise adäquat ins Handeln zu kommen. Es ist das Ziel, all die zwar angemessenen, aber oft auch überfordernden Emotionen in ein »gemeinsam Erträgliches zu überführen« (Kattermann, 2022, siehe auch Zitat zum Kapitelbeginn).

Habibi-Kohlen bringt den gesamtgesellschaftlichen, aber auch psychotherapeutischen Arbeitsauftrag in Climate Action – Psychologie der Klimakrise (2021, S. 51) auf den Punkt: »Letztendlich wird es […] um die Frage der Balance gehen, nämlich wie viel Abwehr wir einerseits brauchen und wie viel Abwehr andererseits die Grundlage unseres Daseins vernichten wird.«

6.1 Therapeutische Grundhaltung

Unsere gemeinschaftliche Betroffenheit bezüglich der Klimakrise gibt der Thematik in der therapeutischen Arbeit, wie zuvor ausführlich besprochen (▶ Kap. 4.1), eine besondere Perspektive. Menschen, die zu uns kommen, um Hilfe im Umgang mit der Klimakrise zu erhalten, geht es gegebenenfalls ähnlich, wie es auch uns als Psychotherapeutinnen selbst geht. Wir selbst sind vielleicht auch wiederkehrend überfordert, verunsichert und voller Angst. Hierzu eine abstinente und dennoch zugewandte, emotional mitschwingende Haltung zu wahren, ist deswegen besonders herausfordernd. Es gibt ein gemeinsames Thema mit der Patientin: Die krisenhafte Welt, von der die Patientin berichtet, ist auch meine eigene Welt. Wir sind gemeinschaftlich von der Klimakrise betroffen und leiden unter den spürbaren Auswirkungen und den durch die Krise ausgelösten emotionalen Reaktionen. Und dabei geht es nicht darum, diese Menschen oder uns selber zu »optimieren«, die Klimakrise einfach besser »aushalten« zu können, sondern es geht um die Verbindung von Gesundheits- und Klimaschutz. In diesem Kontext wird oft das Konzept der Planetary Health (Horton, 2016) genannt. Ein wichtiger Teil der Klimaresilienz ist demnach die menschliche Verantwortungsübernahme für die bestehenden ökologischen Krisen und ein Anerkennen der Grenzen, denen unser Planet unterliegt (Krimmer, 2022).

> **Kurzinformation: Planetary Health (u. a. Horton, 2016)**
>
> Planetary Health als Konzept stellt eine ganzheitliche und multidisziplinäre Perspektive bezüglich der menschlichen Gesundheit dar. Die Gesundheit der menschlichen Zivilisation wird dabei in einen direkten Zusammenhang mit der Gesundheit des Planeten und dessen Ökosystemen gestellt. Im Hinblick auf die vielen krisenhaften Veränderungen, die die Klimakrise mit sich bringt, in Form von zunehmender Hitze, Luftverschmutzung, Extremwetterereignissen und vielem mehr (▶ Kap. 3), leuchtet dies ein.

Eine langfristige Bewältigung der Klimakrise wird sich ohne massive Verhaltensveränderungen auf menschlicher Seite nicht überwinden lassen. Es geht darum, ambitionierten Klimaschutz zu betreiben und auf der individuellen Ebene die Menschen dabei zu begleiten. Im Zentrum der Arbeit mit Patientinnen, die Probleme mit ihren Klimagefühlen erleben, steht deswegen auch immer die Würdigung der Realität der Krise und des Ernstes der Lage. Die Verarbeitung davon gilt es jedoch so zu moderieren, dass es zu keiner pathologischen Destabilisierung führt, weswegen es auch wichtig ist, dass behandelnde Psychotherapeutinnen über Klimagefühle und deren Besonderheiten sowie über die Krise an sich informiert sind, um adäquat mit den Patientinnen daran arbeiten zu können. Auch von der American Psychological Association wird in ihrem Bericht »Mental health and our changing climate« (2021) explizit aufgefordert, sich diesbezüglich weiterzubilden, sich darüber mit Kolleginnen auszutauschen und sich zu vernetzen sowie Ressourcen zu teile.

Die Reflexion unserer eigenen Vorstellungen, Bedürfnisse und Vermeidungsstrategien ist demnach zentral bei der Behandlung von Menschen, die sich durch die Klimakrise belastet fühlen. Dies ist relevant für die Behandlung selbst, also unsere Arbeit mit den Patientinnen, aber auch für die eigene Resilienz und psychische Gesundheit. Ich sollte mir als Therapeutin also unter anderem folgende Fragen stellen:

Selbsterfahrungsfragen

Nehmen Sie sich einen Moment Zeit, um Ihre Emotionen wahrzunehmen und Ihre eigene therapeutische Haltung zu reflektieren.

- Was löst eine Patientin mit dem Thema Klimakrise bei Ihnen aus?
- Welche Impulse bemerken Sie bei sich?
- Welche Gefühle können Sie dabei gut bewältigen?
- Welche Gefühle können Sie nur schwer aushalten?
- Welche Schutz- bzw. Vermeidungsstrategien nutzen Sie?
- Wie setzen Sie Ihre eigenen Gefühle bezüglich der Klimakrise in Handlungen um?

Für Patientinnen kann es wichtig sein, überhaupt erst einmal über ihre Klimagefühle sprechen zu dürfen. Wie das folgende Fallbeispiel zeigt, kann die gemeinsame Betroffenheit auch für Patientinnen eine Hürde darstellen. Gleichzeitig ist die Offenheit der Therapeutin für die Thematik bereits ein wesentlicher Wirkfaktor.

Fallbeispiel

Frau B. ist eine Frau Anfang 50, sie lebt mit ihrem Ehemann in einer Wohnung. Beide Töchter sind bereits seit mehreren Jahren aus dem Haus und haben eigene Kinder. Frau B. leidet seit Jahren unter verschiedenen schweren körperlichen Beschwerden, wie Diabetes und Herzkreislaufproblemen. Sie kommt im Sommer 2022 bei großer Hitze zu einer Sitzung, sichtlich leidend. Sie beschreibt Stimmungsschwankungen, Antriebslosigkeit, Verzweiflung und Hoffnungslosigkeit. Sie fühle sich zu nichts fähig. Anlass sei die Hitze, die auch die körperlichen Probleme aggraviere. Sie habe Angst vor einem weiteren Temperaturanstieg oder vor einem Anhalten der Hitzewelle. In der Wohnung sei es extrem heiß, sie finde kaum mehr einen kühlen Platz.

Bei weiterer Exploration kristallisiert sich als zugrundeliegendes Thema eine große Belastung durch die Klimakrise heraus. Die Patientin hat den Eindruck, sie dürfe mit niemandem darüber sprechen, weil alle gleichermaßen betroffen seien. Wenn sie darüber spreche, werde sie andere belasten. Deswegen begebe sie sich lieber in die Isolation. Sie schwanke zwischen einem übertriebenen Nachrichtenkonsum und kompletter Vermeidung von Nachrichten. Sie fühle sich ohnmächtig und hilflos und zugleich unberechtigt hilfebedürftig. Als biographischer Ursprung findet sich ein Überbau der christlichen Erziehung. Frau B. beschreibt, seit frühester Kindheit mit dem Konzept der Hölle als gerechte Strafe für Sünder erzogen worden zu sein. Sie habe, so wie die Eltern auch, dadurch große Angst vor Feuer, da sie sofort die Assoziation zum Höllenfeuer habe. Sie müsse auf dem »richtigen Weg« bleiben und immer brav und hilfsbereit sein. Alle sündhaften Menschen würden brennen. Gleichzeitig habe sie den Eindruck, in der Klimakrise sei die Menschheit an sich, inklusive ihrer eigenen Person, auf dem »falschen Weg«. Sie fühle sich dahingehend ausgeliefert, das Unvermeidliche könne nicht mehr verhindert werden. Dies erlebe sie als Kontrollverlust.

Sie fände es immens wichtig, sich zu engagieren. Dafür fehle ihr aktuell jedoch, auch aufgrund der körperlichen Schwäche, die Kraft, wofür sie sich sehr abwerte. Als Grundannahme beschreibt sie: »Solange andere Menschen leiden, darf es mir nicht gut gehen.« Das bedeute auch, solange es auf der Welt Krisen und Kriege gebe, dürfe sie sich nicht um sich kümmern, sondern müsse sich für Andere aufopfern. Selbstfürsorge ist für die Patientin sehr schwer, es entspreche nicht den Werten, mit denen sie aufgewachsen sei. Sie frage sich auch heute, ob Psychotherapie in Anbetracht der großen Krise überhaupt erlaubt sei. Sie habe Sorge, mit dem Thema die Therapeutin zu belasten und habe sich dazu durchringen müssen, es überhaupt anzusprechen.

Nach zwei Sitzungen bezüglich dieser Thematik zeigt sich die Patientin sehr erleichtert. Es habe ihr geholfen, darüber zu sprechen und sie fühle sich dadurch mit der Klimakrise und den Gefühlen dazu weniger allein. Sie habe es auch als wichtig erlebt, dass die Therapeutin auf das Thema von sich aus weiter eingegangen sei, die Ermunterung habe sie gebraucht. Gleichzeitig habe ihr geholfen, dass sie die Therapeutin nicht als übermäßig belastet wahrgenommen habe, was eine Sorge von ihr gewesen sei. Eine weitere Konsequenz der Sitzungen ist, dass Frau B. es sich gestattet, eine kleine Klimaanlage zu kaufen, die sie bei extremer Hitze einsetze. Aufgrund der Entlastung durch die Therapie und der Verbesserung des körperlichen Befindens durch die Klimaanlage fühle sie sich deutlich besser. Dadurch finde sie auch wieder Kraft, an ihren Projekten zu arbeiten und sich zu überlegen, welche Art von Engagement ohne Überforderung in Frage komme.

Das Beispiel zeigt, dass die Dynamik in der Psychotherapie stark davon beeinflusst sein kann, wie die Psychotherapeutin im Umgang mit der Krise erlebt wird; ob sie der Patientin informiert und resilient genug erscheint, die Thematik auszuhalten. Äquivalent dazu wurde in einer qualitativen Analyse von Budziszewska & Jonsson (2022) erhoben, dass viele Patientinnen mit Klimagefühlen ähnliche Wünsche und Bedürfnisse bezüglich einer Psychotherapie beschrieben. Frei nach Budziszewska und Jonsson lauteten diese:

1. Suche nach einer kompetenten Begleiterin, die die Sachlage versteht und sich auskennt,
2. Validierung für angemessene Emotionen,
3. Möglichkeiten aufgezeigt bekommen, wie man anders, hilfreicher mit den Emotionen umgehen kann,

4. Suche nach einer Chance oder einer Sinnhaftigkeit für sich selbst in diesem Krisenerleben (bezüglich der Werte und Handlungen).

Die Wünsche der Patientinnen weisen deutliche Überschneidungen mit den Erkenntnissen bezüglich der Klimaresilienz auf, die im Kapitel zuvor (▶ Kap. 5.2) beschrieben wurden. Die folgenden Kapitel sollen nun praktische Anwendungen dieser theoretischen Blickwinkel aufzeigen.

6.2 Achtsamkeits- und akzeptanzbasierte Übungen

Wir haben bereits angesprochen, dass die Auseinandersetzung mit der Klimakatastrophe viele manchmal schwer aushaltbare Gefühle hervorruft und die Vermeidung dieser Klimagefühle hohe individuelle und kollektive Kosten mit sich bringt. Hier bietet der Blickwinkel der Akzeptanz- und der Achtsamkeitspraxis einen großen Gewinn, denn mithilfe dieser Haltung können wir lernen, auch mit schwierigen Emotionen umzugehen – nicht in den Kampf mit ihnen gehen zu müssen, sondern sie als Teil des Lebens zu akzeptieren. Dies wiederum schafft Raum, um die Bedrohung, der wir gegenüberstehen, aktiv anzugehen und zu versuchen, sich in die Bewältigung der Krise einzubringen, anstatt sich in den Gefühlen zu verlieren.

Die psychischen Fähigkeiten der Achtsamkeit und Akzeptanz sind unter anderem aus dem transdiagnostischen Konzept der Akzeptanz- und Commitment-Therapie (ACT) bekannt. Ein Ziel von ACT ist es, psychische Flexibilität zu fördern und diese gewonnene Flexibilität zu nutzen, um das Leben sinnhaft aktiv zu gestalten (Hayes, 2004). Es geht dabei um ein Zusammenspiel aus der Akzeptanz des achtsam Erlebten, vor allem des Unveränderbaren und Schmerzhaften, und der werteorientierten Veränderung des Lebens (Eifert & Forsyth, 2005).

> **Definition: Achtsamkeit (engl. »mindfulness«)**
>
> Achtsamkeit ist ursprünglich ein Begriff aus der buddhistischen Meditationspraxis. Es handelt sich dabei um eine spezielle Art der Aufmerksamkeitslenkung auf den Augenblick, die bewusst und nicht wertend passiert. Das Ziel ist die Welt und sich selbst unmittelbar zu erfahren und wahrzunehmen, so wie sie in dem Moment auf uns wirkt, ohne dieser Erfahrung anzuhaften (Heidenreich et al., 2007).

> **Definition: Akzeptanz**
>
> Akzeptanz im Rahmen von ACT bedeutet dem eigenen Erleben und insbesondere auch »Unerwünschtem« Raum zu schaffen, sowie den eigenen Empfin-

dungen mit freundlicher Offenheit zu begegnen. Dazu gehört es, Sicherheits- und Vermeidungsverhalten aufzugeben und stattdessen Bereitschaft dem inneren Erleben (z. B. Gedanken und Gefühlen) gegenüber zu zeigen und es als das zu sehen, was es ist und nicht als das, was der Verstand uns darüber sagt (Hayes et al., 1999).

Im Rahmen von ACT gilt die Prämisse, dass menschliches Leid ein natürlicher und unvermeidbarer Teil unserer Existenz ist und wir daran wachsen können, wenn wir das Leben so wahrnehmen und spüren, wie es tatsächlich ist und unsere Kraft dafür nutzen, die Aktivitäten zu verfolgen, die wir als sinnhaft erleben. In Bezug auf die Klimakrise und dem großen Leid, welches damit verbunden ist, kann der ACT-Blick sehr hilfreich sein. Sich diese Haltung der Akzeptanz und Achtsamkeit anzueignen, ist jedoch ein teilweise schmerzhafter Prozess und das Spüren vieler Emotionen und Dissonanzen ist ein Teil davon (Dohm & Klar, 2020). Denn viel Leid entsteht im Umgang mit der Klimakrise, wenn wir versuchen, die damit verbundenen Emotionen nicht zu spüren und die Lage nicht anzuerkennen, sei es durch Verleugnung oder Vermeidung. Andere, von der Klimakrise stark bewegte Menschen, fühlen sich wiederum sehr getrieben von diesen Gefühlen und können sich nur schwer distanzieren. Eine stetige Konfrontation mit der Krise ist nicht hilfreich, sondern überfordert uns. Im schlimmsten Fall müssen wir uns wieder durch Vermeidung oder Lähmung schützen. Wie zuvor mehrfach erwähnt, ist eine Abgrenzung komplett verständlich und manchmal auch notwendig und funktional, da wir sonst überwältigt werden von dieser existenziellen Thematik. Aber es ist wichtig, gesund zwischen dem achtsamen Wahrnehmen, dem Annehmen und Raum geben sowie dem bewussten wieder Abwenden von den Emotionen schwingen zu können. Beim Finden dieses klimaresilienten Pfades, dieses Umgangs mit den Klimagefühlen, sind wir als Psychotherapeutinnen die »Reiseleiterinnen«, die die Patientinnen dort abholen, wo sie gerade sind, und diesen Prozess begleiten.

Abb. 6.1: Der klimaresiliente Mittelweg

Achtsamkeit und Akzeptanz sind wichtige Bausteine der Klimaresilienz. Wir sind durch die Klimakrise mit vielen herausfordernden Gefühle konfrontiert, deren Verarbeitung nicht immer leicht ist. Mithilfe von Imaginationen, Akzeptanz- und Achtsamkeitsübungen kann man mit den Patientinnen und auch für sich selbst lernen, den Umgang mit diesen Gefühlen besser zu meistern. Es geht darum, das Verständnis zu fördern, dass Gefühle wichtige Informationsträger sind (▶ Kap. 4.2), diese anzuerkennen und daraus sinnvolle Handlungen abzuleiten. Es soll ein gesunder Mittelweg (▶ Abb. 6.1) gefunden werden, sodass wir einerseits die Gefühle spüren, wir uns ihnen stellen können und uns gleichzeitig nicht in ihnen verlieren, indem wir uns davon gesund abgrenzen können (Dohm & Klar, 2020).

Fallbeispiel

Frau P. ist 42 Jahre alt und seit einigen Jahren aktiv in einer Klimabewegung. Sie ist berufstätig als Kindergärtnerin und sozial gut eingebunden, hat eine Beziehung zu einer Frau und sich bewusst gegen Kinder entschieden, unter anderem wegen der Klimakrise. Sie habe jedoch einen Hund, den sie sehr liebe. Sie leide wiederkehrend seit Jahren unter verschiedenen Klimagefühlen. Sie beschreibt vorwiegend Schuld und Scham bei umweltschädlichem Verhalten. Sie habe auch ihren Lebensstil über die letzten Jahre dadurch viel verändert. Gleichzeitig erlebe sie häufig Ärger über Andere, die diese Veränderungen nicht vollzögen. Sie werte andere dann ab und halte ihnen ihr Verhalten vor. Dies führe regelmäßig zu Streit in Freundschaften und Familie und habe bereits in Kontaktabbrüchen resultiert. Wegen des Hundes erlebe sie häufig ambivalente Gefühle. Einerseits sei ihr bewusst, dass er zu einer negativen CO^2-Bilanz beitrage und dafür schäme sie sich, andererseits erlebe sie einen gewissen Trotz: »Andere machen so viel schlimmere Dinge.«

Biographisch sind ihr diese Muster auch in anderen Kontexten bekannt. Sie sei mit einem abwesenden und häufig auch abwertenden Vater und einer überfürsorglichen Mutter aufgewachsen. Diese habe ihr die Werte Nachhaltigkeit und Fürsorglichkeit mitgegeben, wofür sie dankbar sei. Gleichzeitig sei sie häufig stark gerügt und beschämt worden, wenn sie sich nicht den Werten entsprechend verhalten habe. Sie habe daher von klein auf Scham und Schuld bei egoistischem oder verschwenderischem Verhalten erlebt. Eigene Bedürfnisse seien selten validiert worden, sie hätten immer hintenangestanden. Frau P. entwickelte dadurch die Grundannahme »Ich darf mich und meine Bedürfnisse nicht wichtig nehmen«. Gleichzeitig entstand früh eine Trotzreaktion: »Ich will nicht das liebe, nette und angepasste Mädchen sein«, wodurch immer wieder sowohl intrapsychische als auch soziale Konflikte entstanden. Bezogen auf die primäre Emotion *Scham* entwickelte die Patientin Ärger als emotionsvermeidende sekundäre Emotion. Ärger diente auch als Bewältigungsmechanismus in Bezug auf die Traurigkeit, die durch den wenig liebevollen Vater ausgelöst wurde. Durch ihn wurde die Grundannahme geprägt: »Ich mache mich lieber nicht emotional abhängig von Anderen, sonst werde ich verletzt.« Durch den Ärger fühle sie sich stärker und mehr in Kontrolle. Es sei ihr wichtig, autonom zu sein und anderen keine Macht über sich zu geben. Sie habe einerseits das starke Bedürfnis gesehen, versorgt zu werden und lehne andererseits dieses Bedürfnis bei sich selbst und Anderen ab. Dies führt dazu, dass sie sich in Phasen immer wieder beruflich und privat überfordert, was zu körperlichen Symptomen geführt habe. So sei sie häufig krank gewesen, müde und erschöpft. Sie könne dann schlecht abschalten, sei innerlich unruhig und schlafe schlecht. Die Wut auf Andere gebe ihr oft Antrieb, sich zu engagieren. Dann denke sie jedoch wieder: »Wozu soll ich mich engagieren? Die ganzen Trottel auf der Welt machen ja doch alles kaputt.« Dann fühle sie sich deprimiert und hoffnungslos. Manchmal fühle sie sich über Wochen trostlos und niedergeschlagen. Auch dies nehme sie dann jedoch nicht ernst und sage sich »Jetzt reiß dich halt zusammen, anderen geht es viel schlechter.«

Nun folgt hierzu ein Ausschnitt aus einer psychotherapeutischen Sitzung, die nach Abschluss der Probatorik stattfand. Die Patientin zeigte sich in den vorherigen Sitzungen eher zurückhaltend und nicht sehr expressiv in Bezug auf Emotionen. Sie wirkte meist kontrolliert, erschien jedoch sehr reflektiert bezüglich ihrer Gefühle. Das Gespräch erfolgte nach der Psychoedukation zu Gefühlsvermeidung und den Effekten von Sicherheits- und Vermeidungsverhalten.

Ausschnitt aus dem Therapiegespräch

Pat.: Ich weiß nicht, ich hab' manchmal das Gefühl, das macht keinen Sinn. Ich lass meine Gefühle ja zu, ich bin sogar ziemlich oft sehr gut im Kontakt mit ihnen. Vor allem mit meinem Ärger. Ich weiß nicht, ich gebe mir so viel Mühe, mich richtig zu verhalten. Ich verzichte auf so vieles, unterschreibe tausende Petitionen, gehe zu Demonstrationen und allen anderen um mich herum ist die Welt und was da so geschieht komplett egal. Das ist so frustrierend. Es passiert viel zu wenig… gefühlt brennt es an allen Ecken und keinen interessiert es. *(Wirkt müde und gleichzeitig wütend agitiert, gestikuliert unruhig.)* Wir haben Krieg, alles wird teurer und am schlimmsten die Klimakrise, für die sich niemand zu interessieren scheint.
Ther.: Das macht Sie alles ganz schön wütend.
Pat.: Wie soll es einem da auch sonst gehen. Keinen interessiert's wohl außer mir.
Ther.: Sie haben das Gefühl, Sie sind damit ganz alleine, alle Last ruht auf Ihren Schultern.
Pat.: Ja, so fühlt es sich oft an. *(Pause, wirkt etwas ruhiger.)* Aber mir ist schon klar, dass es nicht so ist. Aber es ist so frustrierend.
Ther.: Das muss ganz schön anstrengend für Sie sein, diese Last mit sich rumzutragen. Sie geben sich auch so viel Mühe nach Ihren Vorstellungen zu handeln.
Pat.: Ja, aber mir geht es nur schlechter dadurch. Alleine kann ich da ja nichts ändern. Und alle anderen lassen es einfach an sich abprallen, sowas will ich auch können, dass mir alles scheißegal ist. *(Wirkt wieder wütender und erregter.)*
Ther.: Sie sind da ganz schön im Kampf mit dem, wie die Welt gerade auf Sie wirkt, oder?
Pat.: Was heißt hier Kampf, ich will das halt nicht akzeptieren, dass die Leute einfach nichts tun. Wir haben schließlich nicht mehr ewig Zeit, um den Klimaschutz noch anzugehen. Irgendwann ist es eben zu spät!
Ther.: Haben Sie denn das Gefühl, dass Ihr Kampf mit den Umständen dazu beiträgt, dass sich etwas ändert? Was für Erfahrungen haben Sie bis jetzt damit gemacht?

Pat.: Naja. Funktionieren… kommt darauf an, was man darunter versteht. (*Pause, denkt nach.*) Ich habe schon viele Konflikte deswegen gehabt. Manchmal hab' ich das Gefühl, die Leute wollen mich bei solchen Diskussionen extra herausfordern, wenn Sie merken, wie wütend mich das macht. Dass sie extra etwas sagen, was mich ärgert. Zum Beispiel, dass ich mich ja gerne mit dem »Quatsch« auseinandersetzen kann, sie wollen in Ruhe leben. Wenn ich sowas höre! (*Pause.*) Ich würde auch gerne in Ruhe leben! Das geht aber nicht. (*Wirkt traurig und erschöpft.*)

Ther.: Es wirkt so, als strenge Sie das alles sehr an, immer wieder diese Kämpfe auszutragen, Streitgespräche zu führen, sich ohnmächtig zu fühlen und sich über die anderen zu ärgern.

Pat.: Ja, das ist furchtbar anstrengend.

Ther.: Und sie haben ja auch recht, dass ganz viel gemacht werden muss, wir müssen uns alle ändern, vor allem aber auch die Politik. Nur so haben wir eine Chance die Klimakrise zu bewältigen. Die Frage, die ich mir aber stelle, ist, ob Ihnen Ihr aktuelles Verhalten hilft. Ob dieser Kampf, den Sie austragen, Sie Ihren Zielen näherbringt. Ob die Energie, die Sie investieren, an der Stelle richtig ist oder, ob sie vielleicht an anderer Stelle besser eingesetzt wäre.

Pat.: (*Schweigt zunächst.*) Leider hilft es mir nicht sonderlich, ich habe dadurch eher noch weniger Energie mich mit Klimaschutz zu beschäftigen, weil ich dann irgendwann gar keine Lust mehr habe. Auf gar nichts. Aber ich sehe auch keinen anderen Weg. Soll ich etwa aufgeben?

Ther.: Ich frage mich, ob das die einzigen beiden Optionen sind, die Sie haben: Ununterbrochener Kampf oder Kapitulation.

Pat.: Naja. Ich könnte versuchen mich mehr abzuschirmen von den anderen, sie einfach auszuklammern.

Ther.: Interessante Idee. Das stelle ich mir aber etwas einsam vor.

Pat.: Ja. Andere Menschen nerven mich aktuell sowieso meist. Das fühlt sich eh schon einsam an.

Ther.: Vielleicht wäre es ja möglich, mehr anzunehmen, dass die Menschen unterschiedlich mit der Klimakrise umgehen, an unterschiedlichen Stellen der Verarbeitung stehen. Dass das ganz schön frustrierend ist und es schön wäre, wenn es schneller ginge. Dass es aber zu diesem Zeitpunkt so ist und es Ihnen nichts bringt, im Krieg mit dem Zustand zu sein, sondern die Energie, die Sie haben, in Ihre klimaschützenden Aktivitäten zu stecken, und in Dinge, die Ihnen guttun und Ihnen wieder Kraft zurückgeben. Und auch mehr mit Menschen zu sprechen, die bereits eine gewisse Offenheit für das Thema mitbringen.

Pat.: Das klingt ja alles schön und gut, aber wie soll denn das bitte gehen? Ich kann doch nicht einfach sagen, dass juckt mich jetzt nicht mehr.

Ther.: Da haben Sie recht. Aber vielleicht können Sie sich dabei helfen, indem Sie sich achtsam beobachten, vor allem wenn Sie in den Kampf gehen und sich immer wieder freundlich daran erinnern, dass Sie sich stattdessen in Bereitschaft üben wollen.

Pat.: Hm ok. Das klingt erstmal nachvollziehbar. So konkret kann ich es mir aber leider immer noch nicht vorstellen.

Ther.: Lassen Sie uns doch mal eine Übung dazu ausprobieren. Haben Sie Lust darauf?
Pat.: Ja, gerne.
Ther.: Setzen Sie sich bequem hin und lassen Sie ihre Augen sanft zufallen. (*Die Patientin setzt sich etwas entspannter hin und schließt die Augen.*)
Wandern Sie mit Ihrer Aufmerksamkeit zu Ihrem Atem und beobachten ihn, wie er ganz von alleine ein- und ausströmt. Ohne ihn dabei zu verändern, ohne dabei etwas erreichen zu müssen.
Und, wenn sich Gedanken melden, jetzt oder im Verlauf der Übung, ihr Verstand kommentiert, bewertet oder ähnliches, bemerken Sie dies und holen Sie sich sanft und freundlich zurück zu Ihrem Atem.
Es muss jetzt nichts repariert werden, kein bestimmter Zustand erreicht werden. Sie dürfen Ihren Erfahrungen und Empfindungen erlauben, da zu sein, ohne dass sie etwas Anderes sein müssen.
Jetzt konzentrieren Sie sich auf einen Gedanken oder eine Situation, die im Rahmen der Klimakrise schwierig für Sie ist. Vielleicht ein Gefühl oder Körperempfinden, was Sie während eines Gesprächs hatten, vielleicht eine Konfrontation mit den Nachrichten, vielleicht etwas Anderes. Suchen Sie sich eine Sorge, einen schwierigen Gedanken, ein Bild oder ein intensives Körpergefühl.
Und nun richten Sie ihre Aufmerksamkeit sanft, direkt und fest auf und in das Unbehagen, egal wie unangenehm es Ihnen erscheinen mag. Achten Sie auf Gefühle, die in Ihrem Körper emporsteigen. Erlauben Sie diesen Gefühlen da zu sein und so zu sein, wie sie gerade sind, anstatt sich in Gedanken darüber zu verrennen, was Ihr Kopf Ihnen darüber sagt. Beobachten Sie diese Gefühle ganz freundlich. Wo sitzt dieses Gefühl genau? Wie fühlt es sich an? Ist es in Bewegung oder eher ruhig? Hat es eine Farbe, eine Temperatur, eine Form? Alles darf da sein, auch wenn Sie es nicht wahrnehmen können, lassen Sie sich Zeit zu spüren und zu beobachten. Erlauben Sie sich ganz bewusst, diesen Gefühlen Platz zu machen, erlauben Sie ihnen jetzt gerade Teil Ihres Erlebens zu sein. Bleiben Sie bei den Gefühlen und atmen Sie damit. Versuchen Sie sich ihnen sanft zu öffnen und ihnen Platz zu schaffen, indem Sie sie anerkennen und ihnen erlauben, da zu sein.
Und wenn Sie feststellen, dass Sie sich gegen die Empfindung wehren, sie nicht da sein soll, dann fragen Sie sich, ob dieser Gedanke, dieses Gefühl Ihr Feind sein muss. Oder ob Sie es zulassen können, dafür Platz zu schaffen. Ihr innerer Raum ist unendlich groß, groß genug für alle Empfindungen.
Wie fühlt es sich an, all das in sich zu haben? Ist es etwas mit dem man kämpfen muss oder können Sie das Unbehagen zu Ihnen einladen, weil es jetzt in diesem Moment Ihre Erfahrung ist.
Vielleicht wird das Gefühl schwächer, vielleicht bleibt es gleich. Und vielleicht wird es stärker. Fragen Sie sich immer wieder, ob Sie es annehmen können als Teil der jetzigen Erfahrung. Alle Beobachtungen sind in Ordnung, es gibt kein richtig oder falsch.
Auch wenn Ihr Kopf sie als negativ bewertet, vielleicht als bedrohlich, laden Sie auch diese Gedanken zu sich ein. Vielleicht möchten Sie sich bei Ihrem

Verstand auch für die Einschätzung bedanken und dann gehen Sie wieder zurück mit der Aufmerksamkeit zu Ihrer gegenwärtigen Erfahrung.

Nehmen Sie die Gedanken als Gedanken, die Gefühle als Gefühle und die körperlichen Empfindungen als körperliche Empfindungen wahr, nicht mehr und nicht weniger. Bleiben Sie so lange bei Ihren Gefühlen, wie sie Ihre Aufmerksamkeit auf sich ziehen. Wenn Sie spüren, dass sie das nicht länger tun, dann lassen Sie sie gehen.

Dann wandern Sie zurück zu Ihrem Atem, beobachten ihn einige Atemzüge, wie er ein und ausströmt, ganz von alleine. Lassen Sie die inneren Bilder verblassen, und erweitern Sie Ihre Aufmerksamkeit um die Geräusche, die Sie um sich herum aufnehmen. Nehmen Sie wahr, wo Sie den Stuhl, wo den Boden berühren. Bauen Sie die Absicht auf, wieder zurückzukehren, zurück ins Hier und Jetzt, und vielleicht diese Haltung auf den Rest des Tages zu übertragen.

Und dann öffnen Sie, wenn Sie bereit sind, die Augen.

(*Pause. Die Patientin öffnet langsam die Augen, wirkt etwas verlangsamt.*)

Was haben Sie denn erlebt?

Pat.: Es war interessant. Am Ende überraschend ruhig. Aber am Anfang war es sehr unangenehm. Ich hab' viel Wut wahrgenommen und auch Angst. Das hat mich etwas überrascht, so fühle ich mich sonst nicht unbedingt.

Ther.: Die Angst ist Ihnen weniger bekannt als die Wut?

Pat.: Ja, deutlich weniger, aber es war dann irgendwann ok. Erst sehr unangenehm, aber dann ok. Es ist ein bisschen ruhiger geworden nach und nach in meinem Kopf.

In dem Fallbeispiel wurde mit der Patientin zunächst theoretisch und dann in einer praktischen Übung Achtsamkeit und Akzeptanz als Optionen erarbeitet. Hierbei wurden wichtige Aspekte von ACT integriert, wie das Leid und Bemühen der Patientin anzuerkennen (Klingen & Schiebler, 2021). Es wurde besprochen, welche Kämpfe die Patientin austrägt und welche davon sie näher zu ihren Zielen führen, um dann entscheiden zu können, worein sie weitere Energie investieren möchte. Während dieses Beobachtungsprozesses wurde der Patientin angeboten, freundlich und wohlwollend mit sich umzugehen. In den darauffolgenden Sitzungen wurden diese Themen in einem längeren Prozess vertieft und genauer betrachtet. Gemeinsam mit der Patientin wurde exploriert, welche Kämpfe sie weiter ausfechten wollte und welche eher hoffnungslos erscheinen. Zudem wurden ihre Werte konkreter benannt und damit zusammenhängendes hilfreiches Verhalten definiert. Es wurde außerdem mit der Patientin besprochen, sich auch zuhause mithilfe von Protokollen und Erinnerungshilfen in Bereitschaft zu üben, um dann bewusste werteorientierte Entscheidungen zu treffen und Ziele nachhaltig zu verfolgen.

Selbsterfahrungsfragen

Nehmen Sie sich einen Moment Zeit, um Ihren Umgang mit Akzeptanz und Achtsamkeit in Bezug auf die Klimakrise wahrzunehmen und Ihre therapeutische Haltung zu reflektieren.

- Fragen zur Achtsamkeit:
  - In welchen Situationen, die die Klimakatastrophe betreffen, neigen Sie dazu, sich weniger achtsam im Moment zu verorten, mehr abzudriften?
  - Wie würde es aussehen, wenn Sie sich bewusst wieder im gegenwärtigen Moment verorten würden?
  - Wie könnte das in Ihrer psychotherapeutischen Praxis von Nutzen sein?
- Fragen zur Akzeptanz:
  - Sind Sie bereit, Gefühle bezogen auf die Klimakrise mit allem, was dazu gehört, zu spüren, die Anstrengung auf sich zu nehmen?
  - Was sind die herausforderndsten Gefühle oder Gedanken, die Sie in diesem Kontext vermeiden?
  - Auf was greifen Sie zurück, um diese zu vermeiden?

6.3 Emotionsbezogene Methoden

Angelehnt an die emotionsfokussierte Therapie nach Greenberg und die Schematherapie nach Young (Faßbinder, Schweiger & Jacob, 2016; Young, Klosko & Weishar, 2008) beziehen sich die folgenden emotionsbezogenen Methoden auf die Arbeit mit dysfunktionalen emotionalen Reaktionen und Schemata. Die Ziele der therapeutischen Arbeit sind hierbei (adaptiert nach Auszra, Herrmann & Greenberg, 2017):

1. Bewusstes Wahrnehmen verschiedener emotionaler Reaktionen, um sie flexibel nutzen zu können
2. Transformation von dysfunktionalen Schemata

Bei Klimagefühlen ist es wichtig anzuerkennen, dass das Gefühl selbst selten dysfunktional ist. Dennoch kann der Umfang oder die Ausprägung Leidensdruck verursachen. Zu einer übermäßigen Quantität des Gefühls können wiederum emotionale Schemata beitragen, welche therapeutisch relevant sind (▶ Kap. 2.2.4). Die biografische Erfahrung beeinflusst, welche Klimagefühle im Vordergrund stehen und welche vermieden werden, obwohl sie vielleicht hilfreich wären.

Ein Kernbestandteil des emotionsfokussierten Arbeitens ist die emotionale Aktivierung. Voraussetzung dafür ist eine tragfähige therapeutische Beziehung. Für Patientinnen ist es potenziell schmerzhaft, die relevanten Gefühle zu erleben, und sie zu zeigen kann Scham auslösen. Deswegen ist die therapeutische Haltung während des gesamten Prozesses von Empathie, Wertschätzung, emotionaler und kognitiver Präsenz geprägt. Das bedeutet auch, sich immer wieder in den Bezugsrahmen der Patientin zu begeben und Verständnis auszudrücken. Ebenso bedeutet es, anzuerkennen, dass der emotionale Prozess schwierig ist und die Patientin für ihre Bereitschaft zu validieren und warm zu loben.

Empathisch nachfragen oder spiegeln kann bereits eine emotionale Aktivierung bedingen. Ebenso kann es hilfreich sein, nonverbale Aspekte zu benennen und nach den zugehörigen Emotionen zu fragen, so zum Beispiel »*Sie kreuzen die Arme vor der Brust. Was bedeutet das?*« oder »*Wenn ihre Tränen Worte hätten, was würden sie sagen?*«.

Fallbeispiel

Herr M. ist ein junger Psychologiestudent (22 Jahre). Er ist äußerst pflichtbewusst im Studium und neigt dazu, hohe Ansprüche an sich zu stellen. Dies setze ihn auch in der Freizeit oft unter Druck, er müsse immer etwas erleben oder sich weiterentwickeln. Dadurch falle es ihm schwer, zur Ruhe zu kommen und er sei häufig gestresst, wenn er sich zu viel vorgenommen habe oder unzufrieden, wenn er nichts unternehme. Er habe den Eindruck, er sei ein Opfer der »Leistungsgesellschaft«. Gleichzeitig sei ihm dies sehr bewusst und er bemühe sich darum, achtsamer durch den Alltag zu gehen. So meditiere er zum Beispiel regelmäßig. Manchmal setze ihn dies jedoch weiter unter Druck. Er sei sozial gut eingebunden, dies sei eine große Ressource. Er fühle sich sicher bei seinen Freunden und Freundinnen und habe den Eindruck, gut Bedürfnisse und Gefühle kommunizieren zu können und zu dürfen. In seinem Freundeskreis sei ein gewisses Umweltbewusstsein normal, so lebe auch er größtenteils vegetarisch und achte auf seine Umweltbilanz. Er habe sich jedoch nie wirklich mit der Klimakrise befasst, da er sich schnell dadurch bedroht fühle und dies vermeiden wolle. Auch sei er eigentlich immer beschäftigt. Sich mehr mit der Thematik auseinanderzusetzen, fühle sich an wie eine zusätzliche Belastung in einem sowieso schon stressigen Alltag. Als Symptomatik beschreibt er innere Unruhezustände, den Verlust von Lebensfreude, Schlafprobleme, körperliche Beschwerden (Magen-Darm-Probleme und Kopfschmerzen) und wiederkehrende Gefühle von Sinnlosigkeit.

Der nachfolgende Ausschnitt fand zu Beginn der Sitzung 7 statt. Es fiel dem Patienten leicht, Vertrauen aufzubauen und sich auf die therapeutische Beziehung einzulassen. Er war gut in der Lage, Gefühle wahrzunehmen und zu beschreiben. Das Konzept, Gefühlen Raum zu geben, war ihm durch die vorangegangenen Sitzungen und seine privaten Erfahrungen mit Meditationen vertraut. Die Klimakrise war erstmalig Thema in der Therapie.

Ausschnitt aus dem Therapiegespräch

Pat.: Ich habe gestern Abend einen Radiobeitrag gehört über die Klimakrise und da hat der Mann so sinngemäß gesagt, dass die Zivilisation, so wie sie jetzt ist, kollabieren wird in Anbetracht der Klimakatastrophe. Also... Flüchtlings-

ströme, Knappheit bei Grundnahrungsmitteln und Kriege und so… Und dann hab ich das so richtig gefühlt… Puh. Alles ist zerstört. Alles kaputt. (*Wirkt sehr ernst, hat Tränen in den Augen.*)
Ther.: Hm. Ja. Wenn Sie sagen, Sie haben »das« so richtig gefühlt, was ist denn »das«? Können Sie das Gefühl benennen?
Pat.: Also, das ist auf jeden Fall Angst. (*Pause.*) Aber auch sowas wie Verzweiflung und Traurigkeit.
Ther.: Und wie ist es denn jetzt gerade, wenn Sie davon berichten?
Pat.: Ich habe Angst… Ja, richtig doll Angst. Ich will das nicht, also, dass das passiert. Aber ich kann auch nichts tun… Am liebsten würde ich die Augen verschließen.
Ther.: Ja. (*Nickt.*) Das kann ich gut verstehen. Wie fühlt sich Ihre Angst jetzt gerade an? Wo im Körper können Sie sie spüren?
Pat.: (*Macht die Augen zu. Legt die Hand auf den Bauch. Atmet tief.*) Im Bauch. Das ist so ein unangenehmes Gefühl… So schwer (*Pause.*) Und im Hals, wie so ein Klumpen. Ich denke, das ist so der traurige Teil… Also, so, ich könnte heulen… Alles geht weg. Also, alles ist verloren. (*Pause.*) Das im Bauch ist vielleicht eher der ängstliche Teil.
Ther.: O.K. Und was davon ist gerade stärker?
Pat.: (*Immer noch die Hand auf dem Bauch.*) Das im Bauch auf jeden Fall… Also die Angst. Aber es hängt auch zusammen.
Ther.: Ja. Und ist es in Ordnung, wenn wir mit der Aufmerksamkeit noch einen Moment dortbleiben, auch wenn es sich gerade unangenehm anfühlt?
Pat.: Ja, ich denke schon.
Ther.: O.K. Dann bleiben wir mal da. Was können Sie noch wahrnehmen?
Pat.: Also mir ist zittrig zumute, irgendwie kalt… (*Zieht die Schultern hoch, wirkt angespannt, schließt wieder die Augen.*) Die Angst nimmt ganz viel Raum ein, wie so ein piksiger Ball… Oder, nein, eher wie so eine Wolke, so ganz dunkel. Also, düster… Das zieht auch hoch in die Brust. (*Kurze Pause.*) Da fühle ich mich eingeengt. (*Pause. Lässt dann die Schultern locker, schüttelt sich.*)
Ther.: Was ist da gerade passiert? Als Sie sich so geschüttelt haben?
Pat.: Ich wollte das nicht mehr fühlen… Also, ich hatte das Bedürfnis, es abzuschütteln… Über was Anderes zu sprechen. Wie ich vorhin gesagt habe, ich will die Augen davor verschließen. Ich habe einen richtig starken Fluchtimpuls… Anscheinend ist es doch nicht so O.K., bei dem Gefühl zu bleiben.
Ther.: Ja, das kann ich nachvollziehen, das Gefühl hat sich in diesem Moment sehr unangenehm für Sie angefühlt.

Nicht nur in diesem Fallbeispiel ist es wichtig, dem Patienten zu vermitteln, dass beide Reaktionen (Angst, aber auch Vermeidung der Angst) normale und nachvollziehbare Reaktionen sind. Je nach Ziel der Sitzung kann das weitere Vorgehen beinhalten, sich dem Gefühl noch einmal auf eine andere Art und Weise zuzuwenden, zum Beispiel mit einem akzeptierenden Fokus (▶ Kap. 6.2), oder das Gefühl in ein Verhalten umzulenken, welches es abmildert und gleichzeitig den Werten entspricht (▶ Kap. 6.6).

Selbsterfahrungsfragen

Im therapeutischen Prozess zu Klimagefühlen kann eine emotionale Aktivierung auch bei uns als Therapeutinnen viel auslösen, zumal wir ähnliche Gefühle vielleicht von uns kennen. Hier gilt es besonders, sich vorher der eigenen Haltung bewusst zu sein und eine Balance zwischen therapeutischer Distanz und empathischem Einfühlen zu finden.

- Wenn Sie den Auszug aus dem Therapiegespräch lesen, mit welcher Person identifizieren Sie sich aktuell mehr? Mit dem Patienten oder mit der Therapeutin?
- Was sind das für Gefühle, die bei Ihnen entstehen?
- Wie sehr möchten Sie sich emotional auf eine solche Sitzung einlassen?
- Wie wohl fühlen Sie sich mit Ihrer emotionalen Beteiligung?

Vielleicht ist die Beantwortung dieser Fragen auch abhängig von Ihrer aktuellen Stimmung oder Ihrer Beschäftigung mit der Thematik.

Eine Möglichkeit, emotionale Reaktionen zu differenzieren und zu aktivieren ist ein Stuhldialog, zu finden unter Anderem im Psychodrama, in der Gestalttherapie und in der Schematherapie. Dabei kann es um die Aufstellung aller involvierten Emotionen gehen, oder um eine Gegenüberstellung konflikthafter Anteile mit zwei Stühlen. Es können allgemein bekannte oder situativ aktivierte Gefühle aufgestellt werden. Ebenso können Stuhldialoge als Leerer-Stuhl-Dialog verwendet werden, um Gespräche mit bedeutsamen Anderen zu führen. Auch eine wohlwollende Begleiterin oder eine innere Kritikerin können auf Stühle gesetzt werden (▶ Kap. 6.5). Nachfolgend möchten wir zwei mögliche Arten von Stuhldialogen in Bezug auf Klimagefühle aufzeigen.

Aufstellen aller Klimagefühle

Das Aufstellen aller Klimagefühle auf verschiedenen Stühlen verdeutlicht die Spannbreite der emotionalen Beteiligung. Es kann im Verlauf der Therapie mehrfach wiederholt werden, um eine Veränderung der verschiedenen Emotionen in ihrer Quantität wahrzunehmen und gegebenenfalls zu hinterfragen. Zielstellung dabei ist, verschiedene Emotionen differenziert wahrzunehmen und anzuerkennen. Es ist jedoch auch ein Ziel, aufzuzeigen, welche Emotionen adäquat, welche im Übermaß aktiviert und welche vermieden werden. Auf diese Erkenntnisse kann in nachfolgenden Stunden, auch unter Bezugnahme der Biografie, eingegangen werden. Parallel kann es hilfreich sein, funktionale Strategien zur Emotionsregulation bestimmter Gefühle zu explorieren, so zum Beispiel Akzeptanz (▶ Kap. 6.2) oder verhaltensorientierte Methoden (▶ Kap. 6.6).

Für das Aufstellen aller involvierten Gefühle ist es hilfreich, einen etwas größeren Raum und circa zehn Stühle zur Verfügung zu haben. Auch mit nur einem Stuhl ist die Übung durchführbar, dafür kann die Therapeutin zum Beispiel nur Zettel hinlegen und den Stuhl jeweils zum Zettel stellen. Die Stühle werden halbkreisförmig aufgestellt, je nach Anzahl der benannten Emotionen werden nachträglich

Stühle hinzugefügt oder weggestellt. Die Therapeutin fragt nach den Gefühlen, die die Patientin bezogen auf die Klimakrise kennt und erlebt. Jede Emotion schreibt sie auf einen separaten Zettel, welchen sie vor einen Stuhl legt. Dabei ist ein möglichst vollständiges Spektrum der bekannten Gefühle die Zielstellung, auch wenn die Patientin aktuell nicht alle diese Gefühle wahrnimmt. Die Therapeutin kann Hilfestellung dabei geben, Gefühle konkreter zu benennen oder zu differenzieren. Auch kann sie explizit Gefühle vorschlagen, die in Bezug auf die Klimakrise relevant sind. Falls die Patientin Schwierigkeiten mit der Benennung hat, kann auch eine Emotionsliste zur Hilfe genommen werden. Es ist wichtig, ein gemeinsames Vokabular und Verständnis der Wörter zu entwickeln. Im späteren Prozess können auch noch Stühle hinzugefügt oder Formulierungen verändert werden. Es ist jedoch gut, wenn Patientin und Therapeutin vorab einen ungefähren Überblick über die involvierten Gefühle haben (▶ Abb. 6.2).

Es ist explizit nicht notwendig, dass die Patientin auf allen Stühlen Platz nimmt. Auch kann es sein, dass sie auf einem Stuhl Platz nimmt, aber keine starke emotionale Aktivierung spürt. Möglicherweise möchte oder kann sie sich nicht in alle Emotionen hineinfühlen. Da häufig viele Emotionen involviert sind, ist dies gerade im ambulanten Setting auch schnell überfordernd, wenn Patientinnen nach der Therapie wieder in den normalen Alltag übergehen. Es ist wichtig, der Patientin dies auch vorab zu vermitteln, damit sie sich nicht unter Druck gesetzt fühlt. Die Patientin entscheidet selbst, welche Stühle sie aufsucht und damit, in welche Emotionslage sie sich begibt. Die Therapeutin kann jedoch dabei unterstützen, Gefühle zu »besuchen«, welche der Patientin unangenehm sind oder in aversiven Gefühlen zu verweilen.

Fragen zur Exploration können dabei sein:

- Wie fühlen Sie sich auf dem Stuhl?
- Welche Gedanken kommen Ihnen?
- Wie fühlt es sich im Körper an?
- Was sind Ihre Impulse?

Auch kann es unterstützend wirken, wenn die Therapeutin die Körpersprache der Patientin benennt oder spiegelt, was sie wahrnimmt: »*Sie sitzen jetzt anders da als auf dem vorherigen Stuhl, ganz gebeugt. Ich habe den Eindruck, Sie sind erschöpft.*« Wenn die Therapeutin merkt, dass die Patientin ein anderes Gefühl beschreibt als das auf dem Stuhl benannte oder wenn sich das Gefühl verändert, so kann sie dies benennen und einen Stuhlwechsel vorschlagen.

Nachdem die Patientin wieder auf ihrem regulären Stuhl Platz genommen hat, kann gemeinsam resümiert werden. Dabei können hilfreiche Fragen sein:

- Wie fühlen Sie sich nach der Übung? Was ist anders als vorher?
- Warum haben Sie heute gerade diese Stühle aufgesucht?
- Welche Stühle haben Sie heute vermieden und warum?
- Kennen Sie diese Muster von anderen Kontexten?
- Was ist Ihnen noch aufgefallen?

Der folgende Ausschnitt bezieht sich auf das Fallbeispiel aus dem Kapitel 6.2 (Frau P.) und hat im Therapieprozess in Stunde 34 stattgefunden. Die Patientin hatte zu dem Zeitpunkt bereits ein grundlegendes Verständnis von ihren eigenen Emotionen, sowohl durch Psychoedukation als auch durch das Anleiten zum Wahrnehmen eigener Gefühle durch Achtsamkeitsübungen und Beobachtungen im Alltag. Sie hatte das Vokabular ihrer Emotionen durch eine Liste mit Gefühlen und dem Gefühlsstern erweitert. Auch war sie bereits mit den grundlegenden psychologischen Fakten zur Klimakrise vertraut.

Ausschnitt aus dem Therapiegespräch

Ther.: Sie haben jetzt von vielen verschiedenen Gefühlen in Bezug auf die Klimakrise berichtet. Lassen Sie uns diese vielleicht einmal aufdröseln, um sie besser zu verstehen.
Pat.: O.K. Und wie?
Ther.: Ich schlage vor, wir nehmen uns ein paar Stühle zur Hilfe. Auf diese Stühle setzen wir die verschiedenen Gefühle. Das hilft uns, die Anteile zu differenzieren und mal zu schauen, wie es Ihnen mit den einzelnen Gefühlen so geht und welche sie vielleicht auch eher vermeiden. Haben Sie Lust, es auszuprobieren?
Pat.: Ja, versuchen wir es mal.
Ther.: *(Holt mehrere Stühle herbei und stellt sie in einen Halbkreis.)* Welche Gefühle kennen Sie denn in Bezug auf die Klimakrise?
Pat.: Also da ist auf jeden Fall Angst. Und Wut… Dann ist da Traurigkeit. Verzweiflung. Ohnmacht…
Ther.: *(Schreibt jede Emotion auf einen separaten Zettel und legt vor jeden Stuhl einen Zettel.)* Verzweiflung und Ohnmacht, das sind für Sie in diesem Fall verschiedene Gefühle?
Pat.: Hm… Ich glaube Ohnmacht ist eher sowas wie Hilflosigkeit. Verzweiflung ist was anderes.
Ther.: O.K. Dann schreibe ich »Ohnmacht/Hilflosigkeit« und »Verzweiflung« auf verschiedene Zettel. Gibt es noch weitere Gefühle?
Pat.: Scham und Schuld.
Ther.: Das sind für Sie auch verschiedene Stühle?
Pat.: Ja, Scham ist mehr so auf mich selbst bezogen. Schuld mehr darauf, dass ich mich vor Anderen schuldig fühle.
Ther.: Und Hoffnung?
Pat.: Ja, doch, die gibt es auch.
Ther.: Auf welchen Stuhl möchten Sie sich zuerst setzen?
Pat.: *(Überlegt kurz.)* Irgendwie habe ich gerade gar keine Lust, auf die ganzen unangenehmen Gefühle, da hab ich fast ein bisschen Angst vor.
Ther.: Ja, das ist verständlich.
Pat.: Vielleicht gehe ich einfach zuerst zur Hoffnung. *(Nimmt auf dem Stuhl Platz.)*
Ther.: Wie geht es Ihnen da?

Pat.: Es fühlt sich… gut an. Einigermaßen leicht. Und die Hoffnung sagt, dass es ja auch Stimmen gibt, dass alles nicht so schlimm werden muss und dass es auch noch Möglichkeiten gibt, die wir haben. Dass da noch eingegriffen werden kann. Ja…, dass das alles nicht so katastrophal ist, ähm, also sein muss. Und dass es ja irgendwie auch noch gut gehen kann. Zu einem gewissen Grad.
Ther.: Hm. Ja.
Pat.: Und dass es nicht die einzige Option ist, dass alles den Bach runtergeht. (*Pause.*)
Ther.: Hm. Ja. Leicht, haben Sie, glaube ich, gesagt?
Pat.: Ja, also einigermaßen leicht. Ein bisschen leicht.
Ther.: Hm. Das andere waren jetzt eher so Gedanken. Gibt es noch andere Sachen, die Sie so feststellen in dem, wie Sie sich fühlen auf dem Stuhl?
Pat.: Relativ offen. Also ich kann so ein bisschen sagen, was nicht ist. Also, nicht belastet irgendwie… Also, ich habe das Gefühl, ähm…, so lässt sich das Leben schon irgendwie leben… So kann ich mir vorstellen, dass es auch weitergehen kann.
Ther.: Gut. Ja. Und jetzt wollen Sie da nicht weg.
Pat.: Es ist auf jeden Fall O.K. Ich würde hierbleiben. (*Lacht.*)
Ther.: O.K. Und wenn Sie sich jetzt einem der anderen Stühle zuwenden müssten, welchen würden Sie auswählen?
Pat.: Puh. Weiß nicht. Ist irgendwie alles nicht gut. (*Pause.*) Also ich, äh, hin*wollen* tu ich zu keinem. (*Lacht.*) Ähm. Ich habe erstaunlich wenig Lust auf die Wut.
Ther.: Ah, das wundert mich.
Pat.: Ja, das wundert mich gerade auch. (*Pause.*) Ich glaube…, hier ist es nicht so anstrengend. (*Pause.*) Traurigkeit, da hab ich auch keine Lust drauf. (*Pause.*) Vielleicht gehe ich mal zur Ohnmacht und Hilflosigkeit. (*Steht auf und setzt sich auf den anderen Stuhl.*)
Ther.: Das ist das totale Gegenteil von der Hoffnung, quasi.
Pat.: Ja. Hm. Stimmt.
Ther.: Was merken Sie?
Pat.: Ich fühle ein bisschen Druck auf dem Bauch und mir ist ein bisschen schlecht. (*Pause.*) Ich kann mich nicht so gut reinfühlen, wie in die Hoffnung.
Ther.: Ja. (*Nickt verständnisvoll.*)
Pat.: Ist auch ganz gut, vielleicht.
Ther.: Ja, das wollen Sie gerade nicht. Also, offensichtlich wollen Sie es gerade nicht.
Pat.: (*Zögerlich.*) Ja…
Ther.: Was sagt denn die Ohnmacht?
Pat.: Ich komm gerade nicht so richtig rein. Ich glaube ich müsste…, also, was ich fühle, ist eher so Traurigkeit. Ich glaube, ich müsste mal zur Traurigkeit.
Ther.: Hm, ja. (*nickt bestärkend*)
Pat.: (*Steht auf und setzt sich auf den Stuhl der Traurigkeit*) Das ist gerade eher ein Gefühl, was gekommen ist.
Hm… Jetzt werde ich ganz doll traurig. Ähm. (*Hat Tränen in den Augen.*) Ja, ich spüre so eine krasse Schwere. So eine Leere. (*Pause.*) Also, es ist ein bisschen so: Es bringt alles nichts. (*Pause.*)
Es fühlt sich gerade relativ unangenehm an. (*Pause.*)

Jetzt geht es eher wieder weg.
Ther.: Ja. (*Verständnisvoll.*) Gut. Geht gerade weg, im Sinne von: Es kommt was Anderes. Oder geht gerade weg, im Sinne von: Es ist gerade gar nichts mehr da?
Pat.: Hm. (*Überlegt.*) Also, es kam gerade ein bisschen was von dem Stuhl (*zeigt auf die Ohnmacht und Hilflosigkeit*). Es kam gerade, als ich mich hier hingesetzt habe, ein ganz deutliches Traurigkeitsgefühl, vor allem so dieses unglaublich Schwere und das Verlustgefühl. Und auch so ein Sinnlosigkeitsgefühl. Und auch so ein: Ich will nicht mehr.
Ther.: Ja. Nicht mehr was?
Pat.: Nicht mehr versuchen, was zu tun.
Ther.: O.K., also Traurigkeit ist schon verbunden mit dem, was wir vorhin besprochen haben, mit dem: Es ist eh alles egal. Bringt alles nichts. Dann kann ich es auch ganz lassen. So mit Resignation verknüpft.
Pat.: Ja, das ein bisschen. Aber auch ein bisschen: Ich kann nicht mehr.
Ther.: Ja. (*Nickt.*)
Pat.: Also es ist nicht so was Patziges »Ich will nicht mehr«, sondern eher »Es ist zu spät«.
Ther.: Aber das Patzige, das gibt es auch, oder?
Pat.: Ja.
Ther.: Und wie würden Sie das Gefühl benennen?
Pat.: Ich weiß nicht, ich glaube es ist dann so eine Art von Wut, so »Ihr könnt mich alle mal am Arsch lecken«, aber auch »Es sollen sich alle ganz viel ändern, jetzt macht doch mal was«.
Ther.: Hm. Wollen Sie mal auf dem Wut-Stuhl Platz nehmen?
Pat.: (*Setzt sich auf den Stuhl der Wut.*)
Ther.: So. Können Sie das noch mal sagen, was Sie gerade gesagt haben? Was macht Sie wütend?
Pat.: Mich macht wütend, dass so wenige Menschen was tun. Dass Menschen, die die Macht hätten, große Dinge zu verändern, anzustoßen, dass sie diese Macht und Einflussnahme nicht nutzen. (*Pause.*)
Ich spüre es gerade auch nicht so richtig.
Ther.: Ja, merke ich. Wo hängen Sie?
Pat.: Irgendwo zwischen Traurigkeit und Hoffnung. (*Pause.*)
Es ist komisch, ich spüre gerade gar keine Wut.

6 Psychotherapeutische Methoden

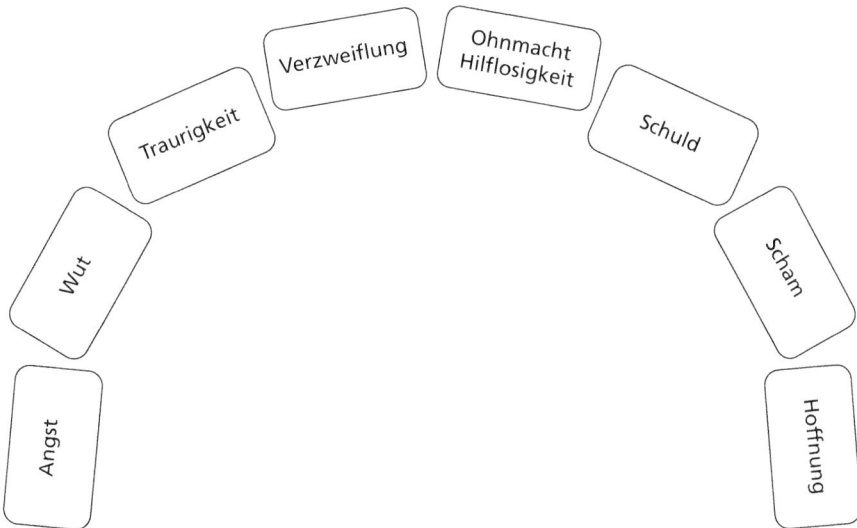

Abb. 6.2: Aufstellung der Stühle im Halbkreis

Erkennbar ist, dass die Patientin aufgrund ihrer aktuellen Stimmungslage bestimmte Gefühle eher als andere erspüren möchte. Dafür sollte therapeutisch Verständnis gezeigt und der Patientin die Möglichkeit gegeben werden, selbst zu entscheiden, wie viel sie sich auf einzelne Gefühle einlässt. So ist sie am Tag der Therapiestunde generell belastet durch Alltagsstress und fühlt sich in der Stunde eher erschöpft. Im weiteren Verlauf der Therapiestunde explorieren wir die Gemeinsamkeit der Stühle, die sie heute aufgesucht hat. Sie erkennt die Neigung, sich eher auf die »ruhigen Stühle« als auf die »aktivierenden Stühle« zu setzen. Sie wolle heute nicht »krass hochfahren«, sie wolle keinen »Druck«. Dies überrascht sie insofern, als dass sie sonst vorwiegend die Gefühle Wut, Scham und Schuld in Bezug auf die Klimakrise beschreibt. Durch die Sitzung fällt ihr auf, dass sie mit ihrem eigenen Handeln aktuell zufrieden ist. Sie mache etwas im Sinne ihrer Werte, so wie es ihr gerade möglich sei. Sie tue, was sie könne, und damit fühle sie sich O.K. So wird dem Stuhlhalbkreis ein weiterer Stuhl für »Akzeptanz/Zufriedenheit« hinzugefügt, auf den sie sich gerne setzt. Es ist für Frau P. eine erfreuliche Erkenntnis, dass es ein weiteres angenehmes Gefühl in Bezug auf die Klimakrise gibt, neben der Hoffnung. Dieser Stuhl gebe ihr den Raum, etwas in Bezug auf die Klimakrise zu machen, aber es auch danach gut sein zu lassen und nicht den ganzen Tag daran denken zu müssen.

In der gemeinsamen Reflexion ist Letzteres ein wichtiger Zugewinn der Therapiestunde. Die Patientin habe jetzt mehr den Eindruck, auch neutrale bis positive Gefühle in der Klimakrise zu erleben. Dies seien Positionen, welche sie in Zukunft auch aktiv aufsuchen könne, als Gegenpol zu den vielen aversiven Gefühlen. Weiterhin stellt Frau P. fest, dass sie zwar Scham und Schuld erlebe, aber sich nicht aktiv damit auseinandersetzen wolle. Sie vermeide es, diese Gefühle in der Therapie oder im Kontakt zu anderen zu aktivieren, da sie sich dann als verletzlich und angreifbar wahrnehme. Diese Erkenntnis führte im weiteren Therapieverlauf zur Auseinandersetzung mit der Thematik Scham allgemein, sowie Klimascham speziell und einer Annäherung an das Gefühl.

Resignation vs. Kampf

Ein Stuhldialog kann auch hilfreich sein, um konkurrierende Tendenzen aufzuzeigen und sie gegebenenfalls miteinander in Kontakt treten zu lassen. Einen inneren Zwiespalt im Außen zu inszenieren kann dazu beitragen, zu einem Kompromiss zu finden zwischen langfristigen Werten und kurzfristigen Bedürfnissen. In der Therapie von Klimagefühlen ist ein typisches Beispiel der Konflikt zwischen einem Anteil, der sich nicht mehr mit der Klimakrise auseinandersetzen möchte und einem Anteil, der weiterkämpfen möchte. Dieser Stuhldialog ist mehr situativer Natur als das Aufstellen aller Klimagefühle, da er auf einen aktuellen inneren Konflikt eingeht. Menschen, die sich aktiv für den Klimaschutz engagieren und sich mit der Thematik viel auseinandersetzen, beschreiben häufig den Impuls, aufzugeben, zu resignieren. Gleichzeitig wären sie nicht aktiv, wenn es nicht einen kämpferischen Anteil gäbe.

Der Resignation Raum zu geben und sie als Bewältigungsstrategie für unangenehme Gefühle anzuerkennen und zu validieren, ist jedoch wichtig. Das Aussprechen des Wunsches aufzugeben kann bereits Erleichterung verschaffen, da dieser Wunsch oft auch mit Scham und Schuld assoziiert ist. Nachdem dieser Anteil ausreichend Gehör bekommen hat, stellt sich häufig automatisch eine Gegenstimme ein, welche im Kontrast dazu die kämpferische Seite darstellt. Dabei kann es sich für die Patientin stimmig anfühlen, wenn dieser Teil direkt zur Resignation spricht. Es ist genauso möglich, dass sich die Patientin nur in die Positionen einfühlt, ohne einen Dialog zwischen ihnen zu führen.

Die Gegenüberstellung kann Patientinnen dabei unterstützen, beide Anteile als akzeptable Stimmen anzuerkennen. Dadurch kann der Prozess initiiert werden, eine adäquate Balance zwischen beiden zu finden, ohne in ein Extrem kippen zu müssen.

Im Auswertungsgespräch können folgende Fragen unterstützen:

- Wie fühlen Sie sich nach der Gegenüberstellung? Was ist anders als vorher?
- Wie blicken Sie von außen auf diese beiden Anteile?
- Gibt es noch etwas, was Sie einem der beiden Anteile sagen möchten?
- Was klingt in Ihnen nach?

Eingebettet in diese Fragen ist es hilfreich zu explorieren, welche Rolle die Resignation im Leben der Patientin spielt, welche Kosten und Nutzen sie bringt und wann sie stärker oder schwächer wird. Es kann abschließend eine Quintessenz formuliert werden, wie zum Beispiel: »Du darfst da sein, aber du bist kein guter Ratgeber.«

Nachfolgend ist ein Therapieausschnitt mit Frau B., einer jungen Frau mit einem Kind und im 6. Monat schwanger mit einem weiteren (für mehr Informationen siehe Fallbeispiel in Kapitel 3.2). Nachfolgender Therapieausschnitt fand in Stunde

16 statt. Zur Sitzung kam sie niedergeschlagen, sie wirkte sehr erschöpft. Dies zeigte sich auch in Körpersprache und Sitzhaltung. So ließ sie die Schultern hängen, nahm kaum Blickkontakt auf und hielt die Hände wie beschützend vor ihren Bauch.

Ausschnitt aus dem Therapiegespräch

Pat.: In letzter Zeit habe ich oft das Gefühl, ich will nicht mehr. Es gibt einfach so Tage, da möchte ich alles hinschmeißen, was mit der Klimakrise zu tun hat. Da will ich einfach so wie gefühlt alle anderen nicht mehr drüber nachdenken… Da macht mich das irgendwie richtig fertig… Also, traurig… Ja, ich habe einfach viele Gefühle, die sich nicht gut anfühlen. Hm. So, dann habe ich einfach keine Lust mehr. Ich möchte einfach aufgeben.

Ther.: Hm. Ja. Ich habe den Eindruck, das ist ein Anteil in Ihnen, der da spricht, so eine Art Resignation. Den würde ich heute gerne mal einladen, direkt zu uns zu sprechen. Der darf heute mal Raum bekommen. Was meinen Sie?

Pat.: Ja, O.K. Er findet ja eh statt.

Ther.: (*Holt zwei Stühle und stellt sie einander schräg gegenüber auf.*) Ich möchte aber auch gerne den anderen Anteil danach noch anhören. Den kenne ich ja auch von Ihnen, so einen kämpferischen Anteil. Aber wir fangen mal mit der Resignation an, die haben sie ja gerade beschrieben. Können Sie mal auf dem Stuhl Platz nehmen und die Resignation sprechen lassen?

Pat.: (*Steht auf und setzt sich auf den Stuhl der Resignation.*) Puh. (*Atmet schwer, wirkt erschöpft.*) Ähm. Ja. Es gibt auch noch so viele andere Themen im Leben. Ich möchte einfach meine Ruhe haben. Ich will… also einerseits will ich im Verhalten einfach mal alles machen können, mich nicht einschränken müssen. Ich will im Supermarkt nicht immer an den Avocados vorbeilaufen müssen, obwohl ich Avocados liebe. Oder… keine Ahnung, ich will wieder fliegen. Alle erzählen von ihren Urlaubsreisen, das will ich auch machen.

Ther.: Hm. Ja.

Pat.: Ich habe aber vor allem keine Lust, immer darüber nachzudenken irgendwie. Oder, also…, wenn ich so mein Kind anschaue, ich habe keine Lust drüber nachzudenken, ob sie überhaupt noch überleben kann, so in ein paar Jahrzehnten. (*Wirkt traurig, Pause.*)

Ther.: Hm. Ja. Wie fühlt sich das an?

Pat.: Also es fühlt sich trotzig an, würde ich sagen. Aber auch… bevor es sich trotzig anfühlt, würde ich sagen, fühlt es sich erstmal irgendwie hoffnungslos an. So: Ich will den Kampf aufgeben. Weil, es lohnt sich eh nicht. Oder eher, es ist zu schwer. Ja, genau. Es ist zu schwer und da hab ich keine Lust mehr.

Ther.: Und wie fühlt es sich körperlich an?

Pat.: Ähm. Wie ein Knoten im Bauch. Aber auch irgendwie erleichternd? (*Pause.*) Es fühlt sich aber auch müde an. Ja. Müde. Ja. Und… realitätsverleugnend. Ich will nicht drüber nachdenken, also mache ich es auch nicht. Aber so ganz weg geht das Unwohlsein nicht, ich spüre das noch. Aber ich will halt nicht hinschauen… deswegen ist es leichter. (*Pause.*)

Ther.: O.K. Danke. Möchten Sie mal auf dem anderen Stuhl Platz nehmen? Auf der kämpferischen Seite?

Pat.: (*Steht auf und nimmt auf dem anderen Stuhl Platz. Sichtbar aufgerichteter*) Joa. Also, das ist schon anders. Ich fühle mich hier… stärker! Also, wenn ich dem Stuhl der Resignation so gegenübersitze, dann habe ich den Eindruck, das ist eigentlich kein gutes Gefühl. Also, der hat ja gesagt, das Aufgeben, das ist irgendwie leichter. Aber von außen denke ich mir: leichter ist es ja nicht. Es gibt ja das Bewusstsein dafür, dass es halt nicht gut läuft.

Ther.: Hm. Ja. Und wie geht es Ihnen jetzt?

Pat.: Also, auf diesem Weiterkämpfen-Stuhl, da fühle ich mich empowered… Also: Ja, es ist hart, so die Klimakrise, aber ich mache was! (*Redet schneller und lauter.*) Ich will nicht den Kopf in den Sand stecken! Nee! Man kann doch was machen! Solange man noch was machen kann, mache ich auch was. Weil, pff, was nützt das denn jetzt, den Kopf in den Sand zu stecken. Ich bin richtig ärgerlich, irgendwie, auch! Aber nicht unangenehm ärgerlich, sondern stark. Ich denke mir, nee, sollen die das halt alle ignorieren. Ich mache weiter. Weil es mir wichtig ist. Ich hab da Bock drauf. Ich mach das für mich, ich mach das für mein Umfeld, für meine Kinder. Weil es mir guttut. Scheiß auf die anderen.

Als die Patientin wieder auf ihrem Stuhl Platz nahm, erschien sie kraftvoller als zu Beginn der Stunde. In der gemeinsamen Reflexion des Vorgangs stellte sie fest, dass es den Anteil der Resignation zwar in ihrem Leben gebe, er ihr jetzt jedoch erst vollumfänglich bewusst geworden sei, inklusive seiner Dysfunktionalitäten. Das Hineinspüren habe ihr deutlich gemacht, wie lähmend es sich anfühle, zu resignieren. Sie habe das Aufgeben vorher immer als eine Erleichterung aufgefasst. Nun sei ihr klar, dass Aktivwerden für sie auch Selbstfürsorge sei, da sie nach ihren eigenen Werten handle und Engagement ihr das Gefühl gebe, etwas zu bewirken. Diese Quintessenz gebe ihr neue Energie, wieder ins Handeln zu kommen.

Hinweis: Es ist gut möglich, dass in diesem Zwei-Stuhl-Dialog weitere Gefühle zum Vorschein kommen, die auf keinem der beiden Stühle ihren Platz finden, z. B. starke Traurigkeit oder Angst. Es spricht nichts dagegen, weitere Stühle zur Hilfe zu nehmen, um diese Emotionen dort Platz nehmen zu lassen. Ob sie dann therapeutisch mit involviert werden, hängt von der Situation ab. Es kann auch sinnvoll sein, sie erst einmal nur anzuerkennen, indem sie einen eigenen Stuhl bekommen, und sie zu einem späteren Zeitpunkt (meistens in einer anderen Sitzung) wieder aufzugreifen.

Exkurs: Klimakrise und existenzielle Psychotherapie

Experteninterview mit David Hiss

Zur Person: David Hiss ist psychologischer Psychotherapeut für Erwachsene (TP). Neben seiner leitenden Tätigkeit in einer psychiatrischen und psychosomatischen Fachklinik ist er bei den Psychologists/Psychotherapists for Future aktiv.

Es folgt ein Gespräch zwischen David Hiss (H.) und Beatrice Jost (J.).

J.: Was bedeutet denn existenzielle Psychotherapie? Was sind die grundlegenden Ideen?

H.: Die existenzielle Psychotherapie ist eine Therapieform, die auf Irvin d. Yalom zurückgeht. Er postuliert, dass eine Psychopathologie aus einer Auseinandersetzung mit existenziellen Begebenheiten resultiert. Für Yalom gibt es vier existenzielle Themen, die jeden einzelnen von uns betreffen und denen wir nicht entkommen können. Sie ergeben sich allein dadurch, dass wir existieren und wir alle müssen in irgendeiner Form einen Umgang mit ihnen finden. Diese Themen bezeichnet er als die »ultimate concerns«, also die »Letzten Dinge«. Konkret bezieht er sich auf den Tod, die Sinnlosigkeit, die Isolation und die Freiheit.

J.: Wie wirkt sich das auf die Psychopathologie und psychische Erkrankungen aus?

H.: Da wird es nun ein bisschen psychodynamisch. Das, was für Freud der Konflikt zwischen Es-Trieb und Über-Ich-Angst war, ist für Yalom die Bewusstheit über eines der Letzten Dinge, der eine existenzielle Angst entgegensteht. Wenn wir also zum Beispiel mit unserer Sterblichkeit konfrontiert werden, verursacht das eine existenzielle Angst. Diese existenzielle Angst ist aber kaum zu ertragen.

J.: Und wieso sind wir dann nicht die ganze Zeit verängstigt?

H.: Weil da die Abwehrmechanismen ins Spiel kommen. Wir wehren die Bewusstheit um die Letzten Dinge im Grunde permanent ab. Wir verdrängen zum Beispiel die Tatsache, dass wir einmal sterben müssen, zumindest auf affektiver Ebene, gerade weil die permanente Angst sonst unerträglich wäre. Das ist für Yalom ein ganz normaler Vorgang. Schwierig wird es, wenn die normale Verdrängung langfristig zusammenbricht. Dafür kann es ganz unterschiedliche Auslöser geben. Es kann einfach nur ein runder Geburtstag sein, der uns unmissverständlich deutlich macht, dass wir älter werden und irgendwann einmal sterben müssen. Aber auch wenn wir den Tod von anderen erleben, werden wir unweigerlich an unseren eigenen erinnert. Und wenn dann die Verdrängung zusammenbricht, braucht es andere Abwehrmechanismen, um die permanente existenzielle Angst im Griff zu haben. Diese weniger funktionalen Abwehrmechanismen sind dann im Grunde auch die Ursache der Psychopathologie. Vorstellbar wäre jemand, der versucht das Bewusstsein um die Sterblichkeit abzuwehren, indem er sich versucht zu etwas Besonderem zu machen – »Sterben müssen andere, ich nicht«. Er hat dann nur noch beruflichen Erfolg im Blick, vernachlässigt wichtige zwischenmenschliche Beziehungen völlig, bis er irgendwann allein dasteht. Es gibt da sehr viele Möglichkeiten, das Bewusstsein um unsere Sterblichkeit abzuwehren, genauso wie es eben auch viele Störungsbilder gibt.

J.: Inwiefern sind diese Ideen relevant bezogen auf die Klimakrise und die assoziierten Gefühle?

H.: Ich bin seit mehreren Jahren bei den Psychologists/Psychotherapists for Future aktiv. Dazu gehört auch eine Auseinandersetzung mit der Klimakrise. Und doch gibt es oft Momente, an denen ich mich nicht mit den aufrüttelnden Klimanachrichten auseinandersetzen möchte, den angebotenen Artikel nicht lese, den Radiokanal wechsele und mich innerlich von der Klimakrise und den damit verbundenen Horrorszenarien am liebsten distanzieren möchte. Ich empfinde es ein bisschen so: Mein Unbehagen gegenüber dem Tod ähnelt meinem Unbehagen gegenüber der Klimakrise. Und ich denke, diese Assoziation ist auch nicht so weit hergeholt. Schließlich ist die Klimakrise im Grunde eine existenzielle Krise, die uns alle betrifft, wie eben auch – zum Beispiel – der Tod. Die Klimakrise bedroht uns, unsere Lebensgrundlage und damit eben auch ganz konkret unser Leben und wir können sie zumindest als Individuum nicht kontrollieren.

J.: Und doch gibt es sicherlich auch Unterschiede zwischen der Klimakrise und den existenziellen Themen nach Yalom?

H.: Ich würde sagen, die Klimakrise ist nicht ihr »eigenes« Letztes Ding, sondern ist insbesondere in der Lage, uns immer wieder an die Letzten Dinge zu erinnern. Gerade beim Tod halte ich die Assoziation für sehr deutlich. Klar – die Klimakrise ist etwas anderes als der Tod. Wir könnten sie ja zum Beispiel noch eingrenzen. Unseren Tod hingegen können wir nicht stoppen. Ich würde auch sagen: Das Konzept der »Klimaangst« ist noch einmal deutlich komplexer als das der Todesangst.

J.: Und wie führt die Klimaangst aus Sichtweise der existenziellen Sichtweise zu Psychopathologien?

H.: Im Grunde eben nicht anders, als der vorhin angesprochene runde Geburtstag oder der Tod eines Menschen, den wir kannten: Sie bringt uns in Kontakt mit unserer existenziellen Situation. Sie führt uns vor Augen, dass wir existenziell von einer stabilen Umwelt abhängig sind und diese Umwelt in die Brüche geht, wenn wir nicht sehr schnell umsteuern. Und das bedeutet eben im Endeffekt: unseren Tod. Zudem ist die Klimakrise allgegenwärtig, zum Beispiel an ungewöhnlich heißen Sommertagen, in den Medien (auch wenn sie da gerne noch mehr thematisiert werden dürfte) und wenn uns wieder einmal Nachrichten über Naturkatastrophen ereilen. Die Klimakrise erschwert damit die normale Verdrängung der Letzten Dinge, sodass wir eher auf andere und oft maladaptivere Abwehrmechanismen zurückgreifen müssen. Daraus kann dann eine Psychopathologie erwachsen.

J.: Und wie sieht dann eine potenzielle Therapie mit dieser klimabezogenen Psychopathologie aus, wenn man die existenzielle Denkweise zugrunde legt?

H.: Da ist es erst einmal wichtig zu verstehen, wie Yalom das existenzielle Paradigma nutzt, um Patienten zu behandeln. Naheliegend wäre natürlich, ihnen zu helfen, zum Beispiel die eigene Sterblichkeit wieder zu verdrängen – Problem gelöst. Aber das ist nicht sein Ansatz. Tatsächlich geht er davon aus, dass es gerade die Auseinandersetzung mit den Letzten Dingen ist, die heilsam wirkt. Wenn wir uns an den Gedanken gewöhnt haben, dass wir einmal sterben müssen, dann könnte das auch dazu beitragen, die Zeit, die wir haben, mehr wertzuschätzen. Dann müssen wir unser Leben auch nicht mehr danach ausrichten, das Bewusstsein darum zu vermeiden. Yalom zeigt eine ganze Reihe an Wirkmechanismen auf, durch die eine Auseinandersetzung mit z. B. dem Tod uns helfen kann. Im Kern sagt er: »obwohl die Physikalität des Todes einen Menschen zerstört, kann die Idee des Todes ihn retten«.

Nun gehe ich wie gesagt davon aus, dass die Klimakrise einen klaren Bezug zu den Letzten Dingen und insbesondere zum Tod hat. Das können wir also therapeutisch nutzen. Wenn Patienten beispielsweise Klimaangst äußern, dann würden wir in einer existenziell fokussierte Psychotherapie hellhörig werden. Wir würden prüfen, ob in der Klimaangst eben auch ein »Letztes Ding« steckt und damit den Dialog immer wieder für eine Auseinandersetzung mit unseren existenziellen Begebenheiten öffnen. Denn im Endeffekt ist die Logik ganz einfach: Die Klimakrise muss uns nicht davon abhalten, das aus unserem Leben zu machen, was für uns persönlich das Beste ist – solange es eben geht. Denn auch ohne die Klimakrise können wir eben nur so lange ein erfülltes Leben leben, bis wir sterben. Daran ändert sich auch mit ihr nichts.

Zuletzt möchte ich noch anmerken: Natürlich reicht es nicht, den Patienten das einfach zu sagen! Diese Einsicht muss aus einer echten und tiefgreifenden Auseinandersetzung mit den Letzten Dingen fließen, sonst wären es wohl nur leere Worte, die eventuell sogar ein bisschen zynisch oder nihilistisch klingen könnten. Man könnte es missverstehen als »dann ist doch alles egal, dann eben Abrissparty«. Ich denke aber, dass das in keiner Weise die Idee der existenziellen Psychotherapie ist. Ganz im Gegenteil strebt sie danach, die vielfältigen und intensiven Gefühle, die mit unserer Sterblichkeit in Verbindung stehen, nicht nihilistisch abzuwehren, sondern zu erleben, auszuhalten und dadurch an Lebensqualität hinzuzugewinnen.

6.4 Kognitive Methoden

Der Überbegriff kognitive Methoden umfasst Methoden, welche sich mit dysfunktionalen Gedanken auseinandersetzen. Selbstverständlich sind diese häufig verknüpft mit dysfunktionalen emotionalen Schemata. Insofern ist auch ein Zwei-Stuhl-Dialog eine kognitive Methode, da er verschiedene Gedanken gegenüberstellt. Wir möchten jedoch nachfolgend Methoden beschreiben, welche vor allem das kognitive und weniger das emotionale Bearbeiten als Fokus haben.

Dysfunktionale Gedanken, die bei Klimagefühlen relevant sind, können zum Beispiel sein:

- »Ich darf mir keine Pause gönnen, die Klimakrise wartet nicht.«
- »Es ist egal, was ich mache. Es bringt alles nichts.«
- »Niemand versteht mich mit meinen Klimagefühlen.«
- »Ich mache nicht genug. Mein Fußabdruck ist zu groß.«

Ein kognitives Bearbeiten erfordert zuallererst ein Erkennen dysfunktionaler Kognitionen. Dies kann erfolgen über Selbstbeobachtungsaufgaben und regelmäßige Verhaltensanalysen von konkreten Problemsituationen (Wilken, 2019). Es ist hilfreich, die prägnantesten dysfunktionalen Gedanken schriftlich festzuhalten. Dies kann im Rahmen eines Störungsmodells erfolgen oder als Auflistung der relevanten Gedanken. Häufig erleichtert das Aufschreiben das frühzeitige Erkennen in Situationen.

Auch können alternative Gedanken schriftlich formuliert werden, um sich ihrer zu entsinnen.

- »Ich darf Pausen machen. Die Klimakrise ist nicht morgen vorbei. Es ist sogar wichtig, dass ich meine Energie aufteile.«
- »Jeder kleine Schritt ist wichtig und nützlich.«
- »Es ist O.K., nicht perfekt zu sein.«
- »Ich darf auf mich und meine Bedürfnisse achten.«

Gedankliche Beschäftigung mit der Thematik – Motivation fördern

Häufig ist eine sehr relevante Frage, die sich im Laufe der Therapie stellt, wie viel Beschäftigung mit der Klima-Thematik für die Patientin gut ist.

Es kann sein, dass Menschen sich von den ausgelösten Gefühlen überfordert fühlen und deshalb versuchen, eine gedankliche Auseinandersetzung zu vermeiden.

> So beschrieb eine Patientin Folgendes:
> »Mein Umgang mit der Klimakrise ist, dass ich versuche, möglichst wenig drüber nachzudenken, beziehungsweise alle Gedanken wegzuschieben. Ich bin da gnadenlos pessimistisch. Ich glaube, es führt kein Weg an einer Katastrophe vorbei. Es ist für mich super schwer, für die Zukunft zu planen. Will ich ein Kind bekommen, eine Wohnung kaufen, für die Rente sparen und so. Mit der Situation, wie sie ist, frage ich mich, ob es nicht sinnvoll ist, all diese Fragen zu ignorieren und im Hier und Jetzt zu leben, weil es eh keine Zukunft gibt. Also schaue ich nur, dass es mir kurzfristig gut geht. Wenn ich mich jetzt entscheide, zum Beispiel ein Kind zu kriegen, dann muss ich die furchtbaren Umstände ignorieren. Also wenn ich die reale Bedrohung in Betracht ziehe, dann kann ich gar nicht anders, als mich damit nicht auseinanderzusetzen. Wenn ich mich damit auseinandersetzten würde, dann weiß ich nicht, wie ich die Gefühle aus-

halten soll. Und wozu sollte ich das machen, wenn ich sowieso nichts am Outcome ändern kann. «

Für diese Patientin ist die gedankliche Beschäftigung aversiv. Als dysfunktionale Grundannahme ist erkennbar: »Ich kann sowieso nichts ändern.« Gleichzeitig sind die Kosten für die Beschäftigung mit der Klimakrise vermeintlich zu hoch, nämlich starke unangenehme Emotionen. Jedoch wird auch deutlich, dass sie diese Gefühle bereits in gewisser Hinsicht spürt, zumal sie die Notwendigkeit sieht, sie zu vermeiden.

Im therapeutischen Prozess kann an dieser Stelle an dem Hinterfragen des Bewältigungsmechanismus der Vermeidung angesetzt werden. Dafür kann eine kognitive Disputation unter Bezugnahme des Wissens der Therapeutin über psychisch resilienten Umgang mit der Klimakrise erfolgen.

Wichtig ist dabei, auf den Bezugsrahmen der Patientin einzugehen. Es ist nicht immer zielführend, den Nutzen für die Gesellschaft mit einzubeziehen, da dies Schuld und Scham auslösen oder eine Trotzreaktion nach sich ziehen kann. Es gibt allerdings in den allermeisten Fällen durchaus wesentliche Punkte, die herausgearbeitet werden können, welche auch persönlich gewinnbringend sind. Dies kann zum Beispiel die Zufriedenheit sein, die daraus gezogen wird, nach eigenen Werten zu leben. Ebenso kann es das Selbstvertrauen fördern, mit unangenehmen Gefühlen umgehen zu können, indem man sich diesen Gefühlen stellt. Dabei kann psychoedukativ das Wissen darum genutzt werden, dass verschiedene Studien zeigen, dass Klima-Engagement durchaus auch viele positive Emotionen bedingt, obwohl es dazu zwingt, sich mit Gegebenheiten auseinanderzusetzen und vermeintlich Stress hinzufügt (z. B. Gaarder, 2008). Aktiv zu werden kann dabei helfen, unangenehme Emotionen zu bewältigen und sich selbstwirksam zu fühlen.

In der Behandlung von Angst-, Zwangs- und posttraumatischen Belastungsstörungen ist es anerkannt, dass die Exposition mit den Ängsten ein relevanter Hauptbaustein der Psychotherapie ist (u. a. Teismann & Markgraf, 2018). Ebenso ist aus unserer Sicht auch eine Art von geleiteter Konfrontation bezogen auf die Klimagefühle sinnvoll und gewinnbringend. Dies findet sich auch wieder in den Ideen der existenziellen Psychotherapie (siehe Exkurs Klimakrise und existenzielle Psychotherapie): Eine Auseinandersetzung mit der Klimakrise und den dadurch ausgelösten existenziellen Ängsten kann dazu beitragen, das Leben nach den Werten auszurichten, die der allgemeinen Lebenszufriedenheit zuträglich sind.

Wie in der Therapie anderer Störungen auch, ist es hier wichtig, dass die Patientin, unterstützt durch die Therapeutin, den Entschluss selbstständig fasst, die Vermeidung aufzugeben und sich mit den Gefühlen auseinanderzusetzen. Dies ist selbstverständlich nur ein therapeutisches Ziel, wenn es auch ein Patientinnen-Ziel ist. Gleichzeitig darf die Therapeutin die Auseinandersetzung deutlich befürworten und explizit anbieten, die Patientin während der Konfrontation mit den potenziell aversiven Gefühlen nicht allein zu lassen. Die Therapeutin kann an dieser Stelle vermitteln, dass sie zuversichtlich ist, dass die Patientin die Gefühle aushalten kann und ihr Bewältigungsstrategien an die Hand geben.

Skalierung

Neben dem zuvor genannten Problem, dass sich viele Personen zu wenig mit der Klimakrise auseinandersetzen und die Thematik oft gänzlich vermeiden, gibt es auch Menschen, die sich nicht gut von den Gedanken distanzieren können und unter einer übermäßigen gedanklichen Beschäftigung mit der Krise leiden. Dies betrifft häufig Personen, die sich auch im Verhalten viel mit der Klimakrise beschäftigen, sei es im Engagement oder in umweltfreundlichem Handeln.

Es kann schwierig sein, sich gedanklich zu lösen, wenn die Dringlichkeit der Thematik so groß ist. Häufig gibt es Befürchtungen, dass eine Nichtbeschäftigung Ignoranz bedeutet und dass es deswegen nicht legitim sei, sich nicht mit der Klimakrise auseinanderzusetzen. Hierfür kann es therapeutisch sinnvoll sein, das Ausmaß der Beschäftigung auf einem Kontinuum aufzuzeigen, um das Schwarz-Weiß-Denken aufzulockern (▶ Abb. 6.3). Dafür malt die Therapeutin eine Skala auf, deren Extreme die permanente Beschäftigung mit der Klimakrise versus gar keine Beschäftigung mit dem Thema sind. Die Patientin kann dann einschätzen, wo ihr aktueller Stand ist und wie sie sich damit fühlt. Gemeinsam mit der Therapeutin kann sie Vor- und Nachteile der Position erarbeiten. Im nächsten Schritt zeigt die Patientin einen Stand an, mit dem es ihr persönlich gut ginge und der gleichzeitig mit den Werten kompatibel wäre. Dies können Patientinnen oft relativ intuitiv einschätzen. Folgende Fragen können dazu exploriert werden:

- Wie würden Sie sich fühlen, wenn Sie dort wären?
- Was würde das für Ihr Alltagsleben bedeuten?
- Was würde sich verändern?
- Welche Vorteile im Vergleich zum aktuellen Stand hätte dieser neue Stand?
- Gibt es auch Nachteile?

In der Abbildung ist dieser Standpunkt mit »Gewünschter Stand« betitelt, wobei wichtig ist, dass die Patientin gegebenenfalls konfligierende Wünsche hat, die Ausdruck der inneren Ambivalenz sind. Vielleicht gibt es einen Anteil, der sich eine noch extremere Position wünscht und gleichzeitig einen Anteil, der alles ein bisschen entspannter sehen möchte. Was genau der »gewünschte Stand« bedeutet oder welcher Ausdruck hier passend ist, kann auch gemeinsam diskutiert werden.

In einem weiteren Schritt ist es wichtig aufzuzeigen, dass es eine selbst definierte Range oder Variation geben kann, die tages- und stimmungsabhängig ist. Das bedeutet zum Beispiel auch, dass es Tage geben darf, an denen die Klimakrise weniger Raum im Denken und Handeln einnimmt. Diese Tage sind nicht nur erlaubt und normal, sondern sogar wichtig, um wieder Energie aufzutanken.

Selbstverständlich kann die Skala auch in die andere Richtung verwendet werden, also wenn Personen Angst haben, sich zu viel zu beschäftigen und damit überfordert zu sein. Auch dafür kann es sinnvoll sein, die Beschäftigung als Kontinuum aufzuzeichnen und damit den Blick dafür zu fördern, dass es nicht nur die extremen Positionen gibt. Es darf auch ein Ziel sein, sich im Moment nur ein winziges bisschen mehr mit der Thematik auseinanderzusetzen und den Alltag minimal zu verändern. Es muss nicht alles auf einmal verändert werden. Kleine

6 Psychotherapeutische Methoden

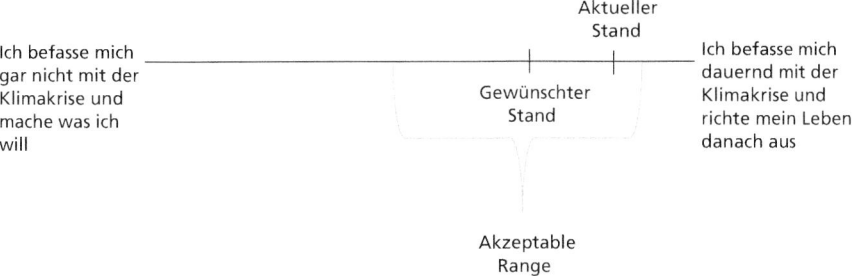

Abb. 6.3: Skala zum Thema Beschäftigung mit der Klimakrise

Schritte sind in Ordnung und besser als keine Schritte oder Schritte rückwärts aus Überforderung.

Dies kann gemeinsam am Verhalten festgemacht werden: Ich höre mir den Podcast zur Klimakrise an, den ich bisher vermieden habe. Oder: Ich kaufe keine neue Kleidung mehr. Oder: Ich lasse mich mal wirklich auf das Gespräch mit einer Freundin ein, die sich vegan ernährt. Oder: Ich esse nur noch auswärts Fleisch. Oder: Ich verzichte einen Monat auf mein Auto.

Diese Schritte können als therapeutische Hausaufgaben vermerkt werden, jedoch natürlich nur, wenn sie aus der Motivation der Patientin heraus entstanden sind. In den nächsten Sitzungen sollte dann darauf Bezug genommen werden, wie es gelungen ist, die Schritte umzusetzen und was gegebenenfalls Hindernisse waren.

Selbsterfahrungsfragen

Zeichnen Sie die Skala für sich auf, inklusive dem aktuellen und dem gewünschten Stand und der Range.

- Wie geht es Ihnen mit Ihrem aktuellen Stand?
- Gibt es eine Diskrepanz zwischen dem aktuellen Stand und dem gewünschten Stand? Wenn ja, wie fühlen Sie sich damit?
- Gibt es Veränderungsbedarf?

Defusion

Die Defusion von den eigenen Gedanken ist ein Konzept, welches in der Akzeptanz- und Commitment-Therapie relevant ist, jedoch auch in anderen Therapieformen und in Achtsamkeitspraktiken der letzten Jahrtausende Anwendung findet (Blackledge, 2015). Kognitive Defusion bedeutet, sich von der Wichtigkeit der eigenen Gedanken zu lösen, im Wortsinn: die Fusion aufzulösen. Gedanken sind keine absoluten Wahrheiten. Defusion bedeutet dementsprechend, einen Gedanken als einen Gedanken zu markieren und ihn nicht als die Realität zu verkennen. Im Gegensatz zur kognitiven Umstrukturierung ist es nicht das Ziel der Defusion, die

Gedanken zu verändern, sondern die Art und Weise, wie mit ihnen umgegangen wird.

Defusion kann bezogen auf die Klimakrise relevant sein, wenn es Menschen schwerfällt, sich von ihren Sorgen und Gedanken zu lösen. Da die Klimakrise auf so viele Arten und Weisen bedrohlich ist und es sehr viel Handlungsbedarf gibt, kann es schwierig sein, den Umfang der investierten Gedanken zu begrenzen. Patientinnen, die sich sehr viel mit der Klimakrise auseinandersetzen, berichten dementsprechend auch teilweise von Grübeln und permanenten Sorgen.

> **Definition: Grübeln versus Sorgen**
>
> Sowohl Grübeln als auch Sorgen umfassen ein übermäßiges Nachdenken über Ereignisse, die außerhalb der Kontrolle des Denkenden liegen. Auch der Akt des Nachdenkens wird als unkontrollierbar und nicht eingrenzbar erlebt. Beides kann die Schlafqualität beeinträchtigen, ebenso wie die Konzentration auf andere Dinge im Alltag. Dadurch, sowie durch die negativen Emotionen, die mit den Gedanken einhergehen, beeinträchtigt es die Lebensqualität. Jedoch gibt es auch relevante Unterschiede: Grübeln, auch Rumination genannt, bezieht sich eher auf vergangene Ereignisse und ist meist mit traurigen Gefühlen assoziiert. Sorgen hingegen beziehen sich auf zukünftige Ereignisse und gehen oft mit ängstlichen Gefühlen einher. Auch tritt pathologisches Grübeln häufig im Rahmen einer Depression auf, während pathologische Sorgen eher auf eine generalisierte Angststörung hindeuten können. Bezogen auf die Therapie ist eine Unterscheidung relevant: Während beim sich Sorgen im Sinne einer generalisierten Angststörung eher eine Konfrontation mit dem Inhalt der Sorgen indiziert ist, ist das therapeutische Ziel bezüglich des Grübelns vorwiegend das Begrenzen des Grübelns. Dies kann zum Beispiel durch das Trainieren eines Grübelstopps oder das Festlegen von Grübelzeiten stattfinden, ebenso wie über das Praktizieren von Achtsamkeit. Da Grübeln und Sorgen beide im Zuge der Klimakrise auftreten können, sind die verschiedenen Methoden im Umgang damit auch in Bezug auf Klimagedanken relevant.

Es gibt verschiedene Möglichkeiten, Defusion zu üben, die sowohl bei Sorgen wie auch bei Grübeln hilfreich sind. Sie beinhalten alle, sich weniger dem Inhalt der Gedanken zu widmen als vielmehr die Art und Weise des Umgangs zu beeinflussen. Dies kann dabei unterstützen, die Gedanken weniger ernst zu nehmen und dadurch weniger von ihrem Inhalt belastet zu sein. Wie an anderer Stelle auch, möchten wir hier wieder betonen, dass es durchaus ganz real Anlass zu Sorgen gibt und diese nicht per se dysfunktional sind. Jedoch ist es auch nicht hilfreich, wenn Patientinnen von dem Ausmaß ihrer Gedanken derart überwältigt werden, dass sie nicht mehr schlafen und sich nicht mehr konzentrieren können. Defusion kann dabei unterstützen, Abstand zu gewinnen, die Gedanken als weniger negativ zu erleben und damit wieder handlungsfähig zu werden (Larsson, Hooper, Osborne, Bennett & McHugh, 2016).

Wir möchten an dieser Stelle zwei Möglichkeiten kurz beschreiben, Defusion zu praktizieren.

1. **Gedanken singen**

   Wiederkehrende belastende Gedanken wie »Es ist alles hoffnungslos und wir werden alle sterben« kann man zu einer bekannten Melodie singen. Dies gemeinsam in einer Therapiestunde durchzuführen, kostet sicherlich Überwindung, führt aber fast unweigerlich auch zu Heiterkeit. Falls das zu schambesetzt ist, können Patientinnen es auch allein zuhause probieren. Das Singen nimmt dem Gedanken seine Bedrohlichkeit und macht ihn dadurch leichter verdaulich (Hayes, 2019). Versuchen Sie es gerne selbst einmal.

   Hier ist es besonders wichtig zu beachten, dass es nicht das Ziel ist, den Gedanken lächerlich zu machen, sondern darum, eine emotionale Distanz zu schaffen. Dies kann dann wiederum eine Realitätsprüfung ermöglichen, die dabei helfen soll, aus der gelähmten Hoffnungslosigkeit in eine angemessene Hoffnung zu kommen.

2. **Gedanken wie Blätter im Fluss treiben lassen**

   Eine Imaginationsübung, die Sie mit Patientinnen durchführen können, ist die folgende Übung, welche ebenfalls aus der Akzeptanz- und Commitment-Therapie stammt (Eifert & Forsyth, 2005). Hilfreich ist es dabei, wenn Patientinnen bereits mit den Grundkonzepten der Achtsamkeit vertraut sind und wissen, was Defusion bedeutet. Im Gegensatz zu den in Kapitel 6.2 beschriebenen Achtsamkeits- und Akzeptanzübungen ist das Ziel hier explizit die Defusion, also ein anderer Umgang mit belastenden Gedanken, und weniger reine Achtsamkeit.

Beispiel einer Imaginationsübung

Nehmen Sie eine angenehme Sitzposition ein, die Beine parallel auf dem Boden, die Hände abgelegt. Schließen Sie die Augen. Nehmen Sie sich einen Moment Zeit, um anzukommen in der Position, die Sie gewählt haben.

Lenken Sie jetzt Ihre Aufmerksamkeit auf Ihren Atem. Beobachten Sie das Ein- und Ausströmen der Luft. Ein und Aus. Ein und Aus.

Nun stellen Sie sich vor, Sie sind in einem Wäldchen. Vor Ihnen fließt ein Bach. Sie setzen sich unter einen großen Baum, lehnen sich mit dem Rücken an den Stamm. Der Boden ist weich.

Und Sie sehen, wie von dem Baum, unter dem Sie sitzen, immer wieder Blätter hinunter segeln, in den Bach fallen, und mit der Strömung davongetragen werden.

Nun stellen Sie sich vor, dass Sie auf ein solches Blatt den nächsten Gedanken legen, der Ihnen kommt. Vielleicht ist es ein Wort, vielleicht ein Satz. Sie legen ihn auf ein Blatt, er fällt mit dem Blatt in den Bach und treibt mit der Strömung davon. Und dann nehmen Sie den nächsten Gedanken, der Ihnen kommt, und legen ihn auf ein Blatt. Das Blatt fällt in den Bach. Die Strömung trägt es davon. Fahren Sie so fort mit jedem Gedanken, der kommt. Vielleicht denken Sie auch »So eine Zeitverschwendung« oder »Das krieg ich nicht hin«. Dann nehmen Sie auch diesen Gedanken, legen ihn auf ein Blatt und lassen ihn mit der Strömung davontreiben.

Wenn viele Gedanken kommen, dann fallen gerade viele Blätter herunter. Vielleicht fallen auch mal eine Weile gar keine Blätter herunter, wenn sich Ihr Kopf leer anfühlt. Wenn Gedanken mehrfach kommen, dann legen Sie sie mehrfach auf Blätter.

Wenn Sie mit der Aufmerksamkeit wegwandern, holen Sie sie sanft zurück. Legen Sie den Gedanken, den Sie haben, auf ein Blatt und lassen ihn in den Fluss fallen.

Beobachten Sie so eine Weile, wie Sie Ihre Gedanken auf Blätter legen und mit der Strömung davon fließen lassen.

Und dann verabschieden Sie sich langsam innerlich von dem Bild. Spüren Sie wieder Ihre Anwesenheit im Hier und Jetzt. Spüren Sie den Kontakt, den Ihr Körper zum Stuhl und zum Boden hat. Bereiten Sie sich darauf vor, zurückzukommen, indem Sie vor Ihrem inneren Auge das Bild entstehen lassen, was Sie gleich sehen werden. Und wenn Sie so weit sind, öffnen Sie Ihre Augen.

In der Nachbesprechung ist es wichtig, auf den Prozess einzugehen und weniger auf das »Gelingen«:

- Wie hat sich das heute für Sie angefühlt?
- Was konnten Sie beobachten?
- Wann und wie haben Sie bemerkt, dass Sie abgeschweift sind?
- Wie sind sie wieder zurückgekehrt?

Wenn es der Patientin schwergefallen ist, sich auf die Übung einzulassen, so gilt es auch dies zu explorieren. Vielleicht liegen den inneren Hindernissen Annahmen zugrunde, dass sie an den Gedanken festhalten muss. Dies kann gemeinsam eruiert werden. Vielleicht möchte die Patientin es auch lieber mit einem anderen Bild versuchen, zum Beispiel mit Wolken am Himmel, die langsam vorbeiziehen.

6.5 Umgang mit sich selbst im Rahmen von Engagement und Aktivismus

6.5.1 Selbstmitgefühl und Selbstwert

Selbstbezogene negative Grundannahmen sind häufig Inhalt von Therapie. Die psychotherapeutische Arbeit an Selbstwert und Selbstmitgefühl ist in vielfältiger Art und Weise beschrieben worden (u. a. Hannig & Chmielewski, 2019; Malzer-Gertz, Gloger, Martin & Luger-Schreiner, 2020; Potreck-Rose & Jacob, 2003). Auch bei der Therapie an und mit Klimagefühlen ist Selbstmitgefühl ein wichtiger Bestandteil.

Gerade bei Aktivistinnen oder anderen Menschen, die sich viel mit der Klimakrise auseinandersetzen, findet sich die Neigung, streng mit der eigenen Rolle in der Krise zu sein (»Ich engagiere mich nicht genug.«). Das wiederum erhöht die Gefahr, sich zu überfordern, um diesen negativen Grundannahmen zu begegnen, und dann ins Activist Burnout zu rutschen. Selbstmitgefühl kann das Burnoutrisiko verringern (Gerber & Anaki, 2021). Somit ist es keine Nebensache, sondern eine Notwendigkeit, um aktiv bleiben zu können.

»Sich selbst liebevoll begegnen« (nach Potreck-Rose et al, 2003, S. 119 ff) kann deshalb ein wichtiges Therapieziel darstellen. Dabei ist zum Beispiel die wohlwollende Begleiterin hilfreich, etabliert durch Potreck-Rose et al. (2003). Sie beschreibt dieses Phänomen als *»den Teil der Person [...], der liebevoll und wohlwollend auf die Person schaut, der mit Nachsicht und Güte ihr Denken, Fühlen und Handeln begleitet«* (S. 122). Diesen Anteil zu stärken ist häufig notwendig. Es kann hilfreich sein, sich eine reale oder fiktive Person zu überlegen, welche diese Rolle in der Vorstellung übernimmt. Dies kann eine relevante und liebevolle Person aus der Vergangenheit sein, ein geliebtes Tier oder eine freundliche Filmfigur. Sie kann einen Namen tragen oder einfach eine »liebe alte Omi« sein. Ebenso gibt es aber auch Patientinnen, denen es ausreicht, das Konzept zu entwickeln, sich wie einer guten Freundin oder einem geliebten Kind zu begegnen. Es ist wichtig, sich an den Bedürfnissen der Patientin zu orientieren, um keinen Widerstand auszulösen. Manche finden es albern, sich eine liebe Oma oder einen sprechenden Hund vorzustellen, der mit ihnen ganz freundlich spricht, für Andere ist das wiederum notwendig und nützlich. Manche möchten auch eine Figur dafür finden und bei sich tragen, zum Beispiel einen Spielzeughund oder ein kleines Kuscheltier. Wenn das Konzept des wohlwollenden Anteils oder der wohlwollenden Begleiterin etabliert ist, kann es immer wieder therapeutisch eingesetzt werden: »Was würde denn [Name des wohlwollenden Anteils] dazu sagen?«.

Der Austausch mit diesem Anteil kann über einen inneren Dialog erfolgen. Ebenso kann es hilfreich sein, einen wohlwollenden Anteil auf einen eigenen Stuhl zu setzen und in der Du-Form mit der Patientin sprechen zu lassen. Dies löst jedoch nicht selten starke Scham aus. Vielen Patientinnen fällt es schwer, sich so freundlich anzusprechen, sie finden es peinlich und möchten sich dazu nicht überwinden. Diese Scham kann thematisiert werden: Warum ist es so schwer, sich selbst zu loben? Jedoch muss selbstverständlich kein Stuhldialog forciert werden. Wenn dies nicht der Weg der Wahl ist, kann eine freundliche Perspektive gegenüber sich selbst auch anders eingenommen werden. So ist die wiederholte Frage: »Wie würden Sie darüber bei einer guten Freundin denken?« bereits hilfreich, um eine wohlwollendere Perspektive einzunehmen und Selbstmitgefühl zu entwickeln. Auch kann die Patientin einen Brief an sich aus der wohlwollenden Perspektive schreiben.

Nachfolgend ist ein Therapieausschnitt mit Frau B. (für mehr Informationen ▶ Kap. 3.1 und ▶ Kap. 6.2). Der Ausschnitt fand in Therapiestunde 12 statt.

Ausschnitt aus dem Therapiegespräch

Pat.: Ich war gestern mit einer Freundin einen Kaffee trinken. Sie ist auch aktiv in meiner Klimabewegung, also viel aktiver als ich. Da hab ich noch mal gemerkt, ich tu immer so, als würde ich so viel machen, aber am Ende mache ich ja gar nichts, oder? Also, ich gehe alle paar Monate zu so Klimatreffen, aber zu den Demos gehe ich nie und auch sonst, was trage ich schon bei? Also, da hab ich mich geschämt und gedacht, irgendwie bin ich total die Blenderin… Ich bin ja auch generell nicht so konsequent wie Andere, also ich esse halt auch Käse und so, einfach weil ich Lust drauf hab. Und das ist doch dann total scheinheilig. Ich meine, ich bin echt so bequem und dann tu ich so…, mit erhobenem Zeigefinger, als wär ich besser als die Anderen, dabei bin ich viel schlimmer… Richtig armselig ist das. (*Wirkt den Tränen nahe und sehr aufgebracht.*)

Ther.: Oh je, ich habe den Eindruck, da sind Sie gerade sehr streng mit sich.

Pat.: Naja, aber es ist ja auch die Wahrheit, oder?

Ther.: Finden Sie? Vielleicht können wir mal eine andere Perspektive einnehmen. Wie würden Sie denn einer Freundin begegnen, die Ihnen das erzählt, was Sie mir gerade erzählt haben? Würden Sie der auch sagen, dass sie armselig und scheinheilig ist?

Pat.: (*Sehr schnell.*) Na, auf keinen Fall!

Ther.: Hm. Und wieso nicht?

Pat.: Naja, die täte mir leid… Da würde ich sagen, die ist zu hart mit sich. Manchmal kann man eben nicht alles machen, ist ja auch in Ordnung.

Ther.: Hm. Ja. Und, reden Sie so auch mit sich selbst, wenn Ihnen diese Gedanken durch den Kopf gehen?

Pat.: Nee. Ich denke dann wirklich, ich bin so die blödeste Person auf der Welt (*Muss etwas lachen.*)

Ther.: Was lässt Sie lachen?

Pat.: Ich weiß auch nicht. (*Pause.*) Meinen Freundinnen gegenüber hab ich immer so tolle Ratschläge, so »niemand ist perfekt« und »du bist gut so wie du bist« und so… So wie mit mir würde ich ja nie mit denen reden.

Ther.: Ja. Verstehe… Ich hätte gedacht, dass ist eher eine traurige Tatsache. Also ich finde es zumindest sehr schade, dass Sie da gar nicht so liebevoll mit sich sind wie mit Ihren Freundinnen.

Pat.: (*Überlegt, wirkt traurig, Augen werden feucht.*) Stimmt schon.

Ther.: Was passiert jetzt gerade?

Pat.: Naja, das macht mich jetzt doch auch traurig, dass ich da so streng mit mir bin… So als wär ich gar nicht lieb mit mir.

Ther.: Ja, das finde ich auch. Das sind Sie auch gar nicht, lieb mit sich.

Pat.: Nee, oder? (*Weint ein bisschen.*) Ich glaube, ich bin oft nicht lieb mit mir.

Ther.: Ich habe den Eindruck, da haben Sie jetzt etwas Mitgefühl mit sich, weil Sie so gemein zu sich sind.

Pat.: Ja stimmt, da tue ich mir jetzt ein bisschen leid (*Schnieft, lacht ein bisschen.*). Aber das fühlt sich eigentlich ganz gut an… Also, besser, als es vorhin war.

Ther.: Das freut mich. Ich denke, da dürfen Sie auch mal Mitleid mit sich selbst haben. Das ist sehr wichtig.
Pat.: Ja, das fühlt sich gerade auf jeden Fall so an. Mit dem Mitleid bin ich ja kurz lieb zu mir. Dann kommt natürlich wieder die andere Stimme, die sagt »das darfst du aber nicht« oder »das hast du nicht verdient«. Aber da hab ich gerade keine Lust drauf zu hören...

Im Gesprächsausschnitt wird auch die innere kritische Stimme erwähnt. Sie kann ähnlich therapeutisch gestaltet werden wie die wohlwollende Stimme. Sie kann einen Namen bekommen oder eine Form.

Eine Patientin beschrieb ihren kritischen Anteil so:
»Ich sehe den richtig vor mir. Er steht so vor mir auf dem Weg. Eigentlich ist das ein schöner Weg, aber der macht die Landschaft richtig kaputt durch seine Präsenz. Und das ist natürlich ein Mann, so Mitte Vierzig, stark, muskulös, ganz kantig. So wie von der Armee. Der hat auch so militärische Sachen an und guckt ganz streng. Alles findet er immer nicht gut genug. Ich bin zu albern, hab zu viel Spaß, bin generell doof und soll mir gefälligst mehr Mühe geben. Die Klimakrise erledigt sich nicht von alleine. Was sitze ich da dumm rum und verschwende Energie, indem ich eine Serie schaue und dabei auch noch, ganz schlimm, eine importierte Avocado esse. Was schämen soll ich mich, sagt er.«

Die kritische Stimme kann auch auf einen separaten Stuhl gesetzt werden und sich dort in der Du-Form richtig »austoben« in der Kritik an der Patientin. Auch wenn es Überwindung kostet in der Du-Form zu kritisieren, ist dies für Patientinnen meistens leichter, als die wohlwollende Begleiterin auf den Stuhl zu setzen, da sie mit der kritischen Stimme vertrauter sind. Oft erleben die Patientinnen aber erst, wie kritisch und streng die Stimme eigentlich wirklich zu ihnen ist, wenn sie sie externalisieren. Ihnen fällt auf, dass sie so nie mit anderen Menschen sprechen würden und häufig stellt sich relativ bald Mitgefühl und Traurigkeit ein.

Die natürliche und unterstützenswerte Reaktion ist es dann, eine räumliche Distanz aufbauen zu wollen, also den Stuhl nach der Übung weiter weg zu stellen, sodass die Stimme weniger präsent ist. Es stellt für die Patientinnen eine spürbare Erleichterung dar, den Stuhl in die entfernteste Ecke oder sogar kurzzeitig ganz aus dem Raum zu stellen.

Es ist nützlich, die innere kritische Stimme zu identifizieren, weil sie dann immer wieder benannt werden kann und die Patientinnen dadurch lernen, sie nicht als selbstverständlich hinzunehmen. Gerade bei der auf die Klimakrise bezogenen Psychotherapie kann es notwendig sein, in eine Diskussion mit der inneren kritischen Stimme zu treten und bestimmte Werte und Verhaltensweisen zu verhandeln. Der innere kritische Anteil hat auch positive Seiten, das gilt es auch immer wieder hervorzuheben. Er ist ein Antreiber und kann dabei helfen, Werte zu verfolgen. Es ist nicht das Ziel, ihn komplett zu eliminieren. Es gilt viel mehr auszutarieren, wie viel antreiben gut ist für die Patientin und wie viel Selbstfürsorge sie dem entgegenstellen darf.

6.5.2 Selbstfürsorge

Selbstfürsorge ist ein wichtiger Angriffspunkt im Rahmen der Klimaresilienz. Für das Konzept der Selbstfürsorge gibt es keine allgemeingültige Definition. Meist wird darunter verstanden, dass sich Menschen selbst wohlwollend behandeln, die eigenen Empfindungen ernstnehmen und aktiv Verantwortung für die eigenen Bedürfnisse übernehmen (u. a. Dahl & Dlugosch, 2020). Es beinhaltet sowohl eine kognitiv-emotionale als auch eine handlungsorientierte Komponente.

Wie im Theorieteil beschrieben, gibt es viele Menschen, die Probleme entwickeln, sich in der Krise weiterhin ausreichend um sich selbst zu kümmern und auch angemessene Grenzen zu setzen. Gerade in Bezug auf die Klimakrise ist es relevant, sich langfristig orientiert mit der schwierigen Situation auseinanderzusetzen und fürsorglich mit sich umzugehen, da uns diese Thematik nicht so schnell wieder loslassen wird. Deswegen ist es wichtig zu reflektieren, was für Ressourcen zugänglich und sinnvoll sind, um nachhaltig die Balance zu halten zwischen Aktivierung und Entspannung. Insbesondere, wenn man sich bereits für den Klimaschutz engagiert, ist es zentral, sich selbst Pausen zu gönnen, sich bewusst Aktivitäten zuzuwenden, die Freude, Entspannung und Kraft geben. Wer sich in den Diskurs einbringen möchte, sollte sich gut um sich kümmern und Verantwortung für die eigene Gesundheit übernehmen.

Dafür kann es hilfreich sein, sich immer wieder vor Augen zu halten, dass die Klimakrisenbewältigung ein Marathon und kein Sprint ist. Es ist tatsächlich nicht nur wichtig, sondern sogar notwendig, dass Menschen es sich erlauben, gut mit sich zu sein, ergo ihre Ressourcen zu schonen, damit sie auch bei Kilometer 36 noch Puste übrighaben und weiterlaufen können.

Psychoedukativ kann man an dieser Stelle die Informationen aus ▶ Kap. 2.2 nutzen, vor allem folgende Punkte:

- Positive Emotionen halten Aktivismus aufrecht,
- Dazu gehört auch Mitgefühl mit sich und Anderen,
- Zu starkes Antreiben oder zu wenig Selbstfürsorge kann ein Activist Burnout verursachen,
- Aktivismus aufzugeben, führt wahrscheinlich nicht unbedingt zu positiveren Gefühlen.

In manchen Fällen kann Selbstfürsorge auch Stimuluskontrolle bedeuten: Wenn eine Patientin sich sehr viel mit den Nachrichten und Prognosen zur Klimakrise beschäftigt, kann es herausfordernd sein, sich davon wieder abzugrenzen. Dann ist es sinnvoll, Medienzeiten und medienfreie Zeiten zu besprechen (siehe Pihkala, 2020). Es ist sehr wichtig, den Fokus nicht nur auf die Krise und ihre Folgen zu richten, sondern auch einen Ausgleich zu schaffen, zwischen der ehrlichen Auseinandersetzung mit den Fakten und der bewussten Zuwendung zu anderen positiven Dingen. Dazu kann auch gehören, sich in Dankbarkeit und Genuss zu üben.

Von den Psychologists/Psychotherapists for Future werden folgende »10 Säulen der Selbstfürsorge« empfohlen (Klar, 2020):

1. Struktur
2. Soziale Kontakte und soziale Kompetenz
3. Sport und Bewegung
4. Schönes (Hobbies, Spaß, Genuss, Erholung und Natur)
5. Sinnstiftendes (nach Werten leben)
6. Schlaf
7. Sorgen- und Grübeldistanzierung
8. Selbstüberwindung
9. Selbsterkenntnis
10. Selbstmitgefühl und (Selbst-)Akzeptanz

Die zehn Säulen der Selbstfürsorge kann man vorgefertigt verwenden oder eine individuelle Liste mit relevanten Säulen erstellen. Im Sinne einer Checkliste kann die Therapeutin gemeinsam mit der Patientin abhaken, welche Säulen gut umgesetzt werden, bei welchen Säulen noch Verbesserungsbedarf besteht und welche Säulen vielleicht sogar Widerstand auslösen.

Viele Aspekte finden auch in anderen therapeutischen Methoden Raum, wie zum Beispiel die Distanzierung von Sorgen. Diese lassen sich häufig nicht »im Vorbeigehen« abhaken. Jedoch sind vor Allem die basalen körperlichen Aspekte der Selbstfürsorge nicht zu unterschätzen: ausreichend Schlaf, ausreichend Bewegung, ausreichend Zeit für Essen und Genuss.

Selbstfürsorge, oder vielmehr mangelnde Selbstfürsorge, findet häufig immer wieder Eingang in den therapeutischen Raum bei Menschen, die sich im Klimaschutz engagieren. Dabei gilt es, kognitive und emotionale Hindernisse wiederholt zu disputieren, so wie den Gedanken: »Ich habe keine Zeit dafür, es gibt Wichtigeres zu tun«. Um eine Selbstverpflichtung zur Selbstfürsorge zu implementieren und diese als Gewohnheit zu etablieren, kann es hilfreich sein, zuerst über eine Fremdverpflichtung, zum Beispiel die therapeutische Hausaufgabe, Verantwortung auszulagern: »Wenn die Therapeutin sagt, ich muss das machen, dann brauche ich mich nicht so schuldig fühlen, wenn ich es tatsächlich mache.«

Gerade in schwierigeren Phasen kann es helfen, eine Checkliste an einem relevanten Ort in der Wohnung zu platzieren und soziale Kontakte mit einzubeziehen, die dabei unterstützen, sich um sich zu kümmern.

Auch innerhalb von ehrenamtlichen Organisationen kann es einen unausgesprochenen Leistungsdruck geben, der Selbstfürsorge erschwert. Insofern ist es extrem relevant, auch in ehrenamtlichen Strukturen auf die Notwendigkeit von Selbstfürsorge aufmerksam zu machen und die Unterstützung untereinander zu verstärken (siehe Exkurs: Dynamiken in ehrenamtlichen Gruppen).

Eine spielerische Möglichkeit mit Patientinnen über die Notwendigkeit von Selbstfürsorge ins Gespräch zu kommen ist eine Impact-Übung (aufgearbeitet von Kowarowsky & von Puttkamer, 2018). Das Ziel der Übung ist es, Energie als eine limitierte Ressource einzuordnen. Es ist ein elementarer Bestandteil von Selbstfürsorge, eigene Grenzen festzustellen und anzuerkennen.

Hierbei werden mit der Patientin die Bereiche des Lebens mit Bechern dargestellt (etwa 20 Stück parat halten, je ungefähr 0,2 Liter), in die aktuell Energie fließen (z. B. Partnerschaft, Arbeit, Klimaengagement, Freundschaften, Joggen, Sohn, Chor, Haushalt, Eltern, Ausflüge in die Natur). Dann wird eine Flasche oder ein vergleichbares Gefäß (etwa 0,5 Liter) zur Verfügung gestellt, die die Gesamtmenge an Energie verdeutlicht. Die Patientin befüllt alle mit Namen versehenen Becher mit der Energie, die sie aktuell hineinsteckt. Erste Eindrücke werden besprochen und die Begrenztheit der Ressource Energie herausgearbeitet. Danach werden die Becher so geordnet, dass die Füllmenge absteigend aufgereiht wird und der aktuelle Stand wird fotografisch festgehalten. Nun kann besprochen und durch die Patientin ausprobiert werden, wie die Energie angenehmer und sinnvoller verteilt werden kann, um einen Zielzustand zu visualisieren. Auch dies wird im Anschluss als Foto zur Erinnerung dokumentiert, die Erkenntnisse zusammengefasst und eine realistische und kleinschrittige Anwendung auf den Alltag geplant und begleitet. Dadurch kann das Thema haptisch, sinnlich erfahrbar gemacht und spielerisch erkundet werden.

Exkurs: Dynamiken in ehrenamtlichen Gruppen

Expertinneninterview mit Anna Georgi

Zur Person: Anna Georgi ist systemische Therapeutin und Kommunikationspsychologin. In ihrer ehrenamtlichen Arbeit ist sie in der Beratung und Unterstützung von Aktivistinnen tätig, wobei sie aufgrund ihrer beruflichen Kompetenzen auch häufig als Konfliktmoderatorin in Gruppen und Diskussionsmoderatorin aktiv ist.

Es folgt ein Interview zwischen Anna Georgi (G.) und Beatrice Jost (J.).

J.: Für welche Art von Aufträgen werden Sie von ehrenamtlichen Gruppen angefragt?
G.: Anfragen, die aus der Klimagerechtigkeitsbewegung kommen, drehen sich meist entweder um konkrete Projekte, bei denen ich beispielsweise eine Veranstaltung moderieren soll, oder um Konflikte. Die zweite Sorte der Anfragen ist meist eher diffus. Die Gruppe oder Einzelperson hat vielleicht schon länger versucht, den Konflikt irgendwie in den Griff zu bekommen und hat schon viel Zeit und Kraft investiert. Dementsprechend herrschen negative Gefühle vor: Frust, Angst, Ärger, Wut – das begegnet mir dann häufig.
J.: Was hat sich Ihrer Meinung nach als hilfreich erwiesen? Welche Hindernisse gab es zu überwinden?
G.: Hilfreich ist es auf jeden Fall, allen Seiten erst einmal zuzuhören. Was ist aus ihrer Sicht passiert? Was wollen die Beteiligten eigentlich erreichen? Wo hakt es? Gibt es eine kleine Portion Willen zur Lösung und ein Vertrauen in mich als Konfliktmoderatorin? Im zweiten Schritt kann dann versucht werden, eine

Brücke zwischen den Konfliktparteien zu bauen. Dafür gibt es verschiedene Methoden aus dem Werkzeugkoffer der Konfliktmoderation – je nach Höhe der Eskalation schlage ich dann ein Vorgehen vor. Das größte Hindernis in diesem Kontext ist die mangelnde Zeit. Die Klimakrise als Thema bedingt, dass die Gruppen fast immer ein hohes Gefühl der Dringlichkeit haben. Die nächste Aktion ist wichtig und muss priorisiert werden! Gleichzeitig fressen sowohl Konflikte als auch Konfliktmoderation Zeit. Ein Dilemma. Außerdem fällt es vielen Menschen allgemein schwer, Konflikte auszuhalten oder diese gar nützlich zu finden. Da machen auch Aktivist:innen keine Ausnahme und daher gibt es eine Scheu, sich den konflikthaften Themen zuzuwenden. Ein dritter Aspekt ist die Art der Zusammenarbeit. Häufig arbeiten Gruppen digital zusammen und sind eher fluide. Das macht die Konfliktmoderation nicht leichter, verunmöglicht sie aber auch nicht.

J.: Welche Erfahrungen mit ehrenamtlichen Gruppen und deren typischen Dynamiken haben Sie gemacht? Welche Nöte sind Ihnen dort begegnet? Gibt es Unterschiede zu beruflichen Gruppen?

G.: Die am Konflikt Beteiligten sind in ehrenamtlichen Gruppen eigentlich immer mit viel Herzblut und Engagement dabei. Das ist einerseits wunderbar zu erleben, hat aber die Kehrseite, dass Konflikte im Erleben schnell existenziell werden und viel gegenseitige Abwertung passiert. Es wird meiner Ansicht nach auch zu spät nach externer Unterstützung gesucht – man will ja auch keiner anderen ehrenamtlichen Gruppe oder Person zu Last fallen. Das ist schade, denn je eskalierter die Situation, desto schwieriger die Moderation. Die Not ist aber häufig groß. Die knappen Ressourcen im Ehrenamt werden durch Konflikte absorbiert, Menschen haben die Gruppe vielleicht deswegen schon verlassen oder sich massiv zurückgezogen. Übrig bleibt im Erleben der Beteiligten ein Scherbenhaufen.

In beruflichen Gruppen gelingt die Abgrenzung des eigenen, privaten Raumes oft besser. Es sind meist weniger freundschaftliche Bande in der Gruppe und auch die Überlastung und der erlebte zeitliche Druck ist oft nicht so hoch. Aber das ist kein Automatismus. Gruppendynamiken sind da, egal wo die Gruppe inhaltlich verortet ist.

J.: Wie kann Ihrer Meinung nach ein unterstützendes Miteinander in diesen Gruppen sinnvoll angegangen werden?

G.: Am effektivsten ist es natürlich, in Prävention zu investieren. Das fängt schon bei (vermeintlich) kleinen Dingen an: Check-ins am Anfang der Plena, Thematisierung der Dinge, die gut laufen, Gespräche über Bedürfnisse, Moderation von Plena mit strittigen Themen, gemeinsame Partys, Nachbereitung stressiger Phasen, und gutes Onboarding… Insgesamt geht es darum, Gruppeninterna bewusst Zeit und Raum zu geben. Wie genau die Gruppe das macht, hängt davon ab, wozu die Gruppe Lust hat.

J.: Nochmal auf das Individuum geschaut: Wie kann die Prävention von Activist Burnout gefördert werden?

G.: Ich finde, Wissen hilft an der Stelle. Konflikte sind normal und kein Zeichen von Schwäche oder Versagen, diese Erkenntnis entlastet viele enorm. Dazu und zu anderen Themen wie z. B. Stress kann man sich weiterbilden, als

Einzelperson oder als Gruppe. Außerdem ist es wichtig, das jede:r einzelne übt, die eigenen Bedürfnisse zu erkennen und adäquat auszudrücken. Wenn die Gruppe das dann konstruktiv aushält – dann wird Burnout sehr viel unwahrscheinlicher.

6.6 Verhaltensbezogene Maßnahmen

»Die beste Therapie gegen Klima-Angst ist Klimaschutz.« (Dohm et al., 2023, S. 8)

Gefühle, Gedanken und Verhalten interagieren miteinander und wir sollten zur Förderung der Klimaresilienz alle Ebenen konkret ansprechen. Insbesondere das »ins Handeln kommen«, ist ein elementarer und notwendiger Teil der Resilienz. Neben dem Ansatz an den Emotionen und Kognitionen stellen wir in diesem Kapitel Ideen für Techniken vor, die den Blick direkt auf das konkrete Verhalten der Menschen, in Richtung hilfreicher Verhaltensänderungen unterstützen können.

Neben den möglichen therapeutischen Interventionen auf individueller Ebene gibt es notwendige kollektive Verhaltensänderungen, die individuell begleitet werden können. Es ist wichtig, sich mit der Klimakrise angemessen zu konfrontieren, sich darüber zu informieren und auch mit anderen diesbezüglich ins Gespräch zu kommen. Und in diesem Sinne geht es auch darum, das Leben klimafreundlicher auszurichten sowie die eigenen Emissionen zu reduzieren, falls dies noch nicht passiert ist (fleischarm, vegetarisch oder vegan leben, autofrei sein, Flugreisen minimieren, Strom aus erneuerbaren Quellen für die eigene Praxis nutzen und vieles mehr). Je nachdem wie viel Zeit und Energie vorhanden sind, sollten wir alle auch Einfluss nehmen, um die Krise angemessen kollektiv zu bewältigen (z. B. Teilnahme an Demonstrationen, Petitionen starten oder unterstützen, Redaktionen kontaktieren, sich politischen Gruppierungen anschließen). Es gibt einige Handlungsmöglichkeiten, die wir selbst angehen oder mit Patientinnen, die ihre Emotionen in Handlungen umsetzen möchten, besprechen können.

Dabei ist es wichtig zu verstehen, dass Klimaschutz keine Bürde ist, sondern an sich eine bedeutsame Bewältigungsstrategie darstellt, die den Menschen hilft, mit den Klimagefühlen umzugehen. Die erlebte Unkontrollierbarkeit der Klimakrise, die in uns Hoffnungslosigkeit und Ohnmachtsgefühle auslöst, ist eine große Belastung für die Menschen. Um die Krise tatsächlich beeinflussen und begrenzen zu können, sind bedeutsame politische und gesellschaftliche Schritte notwendig. Jedoch sind auch einzelne individuelle klimaaktivistische Schritte psychologisch sehr bedeutsam (Pihkala, 2020). Klimaschutz ist in diesem Falle explizit Gesundheitsschutz, da unser Einsatz zum einen zur Bewältigung der Krise selbst beiträgt und zum anderen uns das Gefühl gibt, Teil der Lösung und aktiv zu sein, was die unangenehmen Gefühle abschwächen kann (Reser et al., 2012). Wie im Eingangszitat durch Dohm et al. (2023, S. 4) beschrieben, ist aktiv zu werden demnach das beste

Gegenmittel gegen die Belastung, die durch Klimagefühle, insbesondere Ängste, Ohnmacht und Hilflosigkeit, entstehen.

Exkurs: Handabdruck versus Fußabdruck

Abb. 6.4: Ökologischer Handabdruck

Die Idee des CO^2-»Handabdrucks« (▶ Abb. 6.4) basiert auf der Geschichte der zehnjährigen Srija aus Hyderabad, Indien. Sie nahm Teil an einem Projekt des Centre for Environment Education (CEE) teil und drückte ihren Wunsch nach positiven Handlungen für eine nachhaltige Zukunft aus. Ihr Handabdruck symbolisiert die Hoffnung und den Glauben, durch individuelle und gemeinschaftliche Aktionen und Projekte einen Unterschied in der Klimakrise zu machen. Das International Handprint Network schreibt auf seiner Website sinngemäß: Jede nachhaltige Aktion kann dazu beitragen, eine bessere Welt zum Leben für uns alle zu erschaffen. Somit ist es ein Konzept, welches die eigenen ökologischen Fortschritte betont und würdigt, es soll Handlungen inspirieren und Mut machen. Der Handabdruck wird zum Beispiel von Germanwatch verwendet. In ihrem Hintergrundpapier »Wandel mit Hand und Fuß« animieren sie dazu, die strukturelle Wirkungsebene und damit die Reichweite zu erhöhen. Das Grundprinzip dabei ist: Der Handabdruck wird größer, wenn mehr Menschen erreicht werden. Sie motivieren zur Veränderung der politischen Struktur und zum Mitwirken an politischen Prozessen.

Beispiele für Verhaltensweisen, die den Handabdruck vergrößern sind unter anderem: sich informieren und über die Thematik sprechen, relevante Inhalte in den sozialen Medien teilen, für Klimaschutz spenden, an direkter Demokratie teilhaben.

Dabei ist es wichtig zu beachten, dass verschiedene Handlungen unterschiedlich große Effekte haben. So kann politisches Engagement deutlich größere Effekte aufweisen als einzelne umweltbewusste Handlungen, wie zum Beispiel biologisch angebaute Lebensmittel zu kaufen.

Auch wenn aktuell aus verschiedenen Gründen nicht jede Handlung ohne erhebliche Komforteinschränkungen umsetzbar ist, so muss dies nicht im Widerspruch zum Einsatz für eine Transformation stehen. Menschen können zum Beispiel weiter mit dem Auto fahren, da eine andere Mobilitätsform in den aktuell gegebenen Strukturen nicht möglich ist, sich aber dennoch für einen Ausbau der öffentlichen Verkehrsmittel und für autofreie Innenstädte einsetzen.

Der Handabdruck ist relevant als Gegenüberstellung zum Konzept des CO_2-Fußabdruck, welcher einen eher kritischen und bestrafenden Blick hat. Auch ist das Ziel des CO_2-Fußabdrucks häufig auf Verzicht und Vermeidung von umweltschädlichem Verhalten fokussiert, während der Handabdruck sich auf aktives Handeln und Engagement bezieht.

Grawe (2004) prägte dazu die Termini Annäherungsziele versus Vermeidungsziele:

Definition: Annäherungs- und Vermeidungsziele

Laut Grawe kann man Ziele unterscheiden in Annäherungsziele und Vermeidungsziele. Annäherungsziele sind Ziele, bei denen eine erwartete oder erhoffte positive Konsequenz das Handeln motiviert. Sie hängen neurobiologisch mit der Aktivierung des dopaminergen Belohnungssystems zusammen, wodurch das Erreichen des Ziels mit positiven Emotionen verknüpft ist. Die assoziierten Gefühle sind Hoffnung und Befriedigung bei Erreichen des Ziels.

Vermeidungsziele hingegen sind Ziele, bei denen das Handeln dadurch motiviert wird, eine antizipierte negative Konsequenz zu verhindern, so zum Beispiel die Enttäuschung eines Bedürfnisses. Die assoziierte Emotion ist Angst.

Ausgeprägte Vermeidungsziele können das Wohlbefinden reduzieren, da man immer wieder darauf achten muss, die befürchtete Konsequenz zu verhindern und dies häufig nicht dauerhaft erreichbar ist. Ausgeprägte Annäherungsziele hingegen können Zufriedenheit fördern, da sie positive Erfahrungen bedingen.

Für Patientinnen ist es häufig gewinnbringend, das Konzept des Handabdrucks einzuführen und gemeinsam zu sammeln, was der individuelle Handabdruck beinhaltet (z. B. Leser:innenbriefe schreiben, einer Partei beitreten, Demonstrieren). Es ist hilfreich, dies in einem gezeichneten Handabdruck gemeinsam aufzuschreiben, auf einem Arbeitsblatt oder dem Flipchart. So wird der Fokus mehr auf die positiven Aspekte des eigenen Handelns gelenkt. Dadurch kann die Selbstwirksamkeitserwartung gestärkt und das Hilflosigkeitserleben begrenzt werden. Dies kann dabei unterstützen, langfristig engagiert zu bleiben und nicht in eine ohnmächtige Erstarrung zurückzufallen.

6.6.1 Werteorientierung und Nutzung der Krise als Chance

Wir haben mehrfach betont, dass ein »Weiter so« nicht möglich ist. Ein kollektiver Kraftaufwand zum Erreichen der Klimaziele und der Begrenzung der CO^2-Emissionen ist notwendig und dies geht mit großen Veränderungen unserer Lebensrealität einher. Derartige Veränderungen werden großen Einfluss auf unser Leben nehmen, da statt des gewohnten stetigen Wachstums eine Entwicklung in Richtung Suffizienz notwendig ist (Stengel, 2011). Das ist eine Herausforderung für uns alle, aber auch eine Chance unseren Lebensstil und unsere Prioritätensetzung einem ehrlichen Blick zu unterziehen und das Leben werteorientierter auszurichten. Es kann uns die Chance bieten, Wertekonflikte zu reflektieren, Widersprüche emotional zu erleben und notwendige Entscheidungen zu treffen. Krisen allgemein und die Klimakrise mit ihren existenziellen Faktoren im Besondren bieten die Möglichkeit sich zu fragen, was ein sinnstiftendes, glückliches und ethisches Leben ausmacht.

Es gibt vieles, was sich durch diese kollektiven Transformationen gewinnen ließe, wenn wir unseren Fokus mehr auf die Verbundenheit mit Menschen und der Natur, Gemeinschaft und Genügsamkeit legten. Viele Menschen in Deutschland, insbesondere alte Personen, fühlen sich einsam, laut einer Studie etwa jede zehnte Person (Eyerund & Orth, 2019). Unter jungen Menschen findet sich im Vergleich der Kohorten ein signifikanter Anstieg eines perfektionistischen Anspruchs an sich und andere in den letzten Jahrzehnten, was unter anderem durch unseren gesellschaftlichen Leistungs- und Konkurrenzdruck beeinflusst wird (Curran & Hill, 2019). Es zeigt sich, dass manche der Werte, die aktuell in unserer Gesellschaft verfolgt werden, ungesunde Auswirkungen zu haben scheinen. Die Klimakrise birgt die Chance, unsere gesellschaftliche Ausrichtung zu reflektieren, sich von krankmachenden Werten abzuwenden und unsere Gesellschaft neu und nachhaltig orientiert auszurichten. Jeder Mensch kann ein individueller Teil dieser Transformation sein.

Durch die Klimakrise werden wir mit unserer Begrenztheit, unserer Interdependenz mit der Natur konfrontiert und auf unsere Rolle als Teil der Natur vehement aufmerksam gemacht. Es kann hilfreich sein, Menschen daran zu erinnern oder sie darauf aufmerksam zu machen, dass klimaschützende Maßnahmen und Verhaltensweisen oft mit vielen individuellen Werten überlappen, wie zum Beispiel Generativität, Kinder und die Natur zu schützen, anderen zu helfen und ein freudvolles Leben zu führen (Australian Psychological Society, 2019).

Selbsterfahrungsfragen

Nehmen Sie sich einen Moment Zeit, um sich Ihren eigenen Werten zuzuwenden und Ihren Umgang damit zu reflektieren.

- Was ist Ihnen wichtig und was erleben Sie als sinnstiftend als Therapeutin? Was als Privatperson?
- Lassen Sie Ihre privaten Werte in Ihre Arbeit und Haltung als Therapeutin einfließen?

- Welche Ihrer Werte korrespondieren mit Klimaschutz?
- Wie würde es aussehen, wenn Sie Ihre Werte mehr in Ihre Handlungen als Therapeutin einfließen lassen würden?
- Was würde das für Sie bedeuten? Was für Ihre Patientinnen?

Unsere Gesellschaft ist in vielen Aspekten nach extrinsischen Motivationsfaktoren ausgerichtet wie sozialem Status, Macht und finanziellem Erfolg. Mit Blick auf die Klimakrise ist jedoch eine intrinsische Ausrichtung sehr wertvoll, da sie klimaschützendes Verhalten wahrscheinlicher macht (Australian Psychological Society, 2019). Intrinsisch motiviertes Verhalten führt unter anderem dazu, dass wir uns weniger von der Frage leiten lassen, was uns persönlich etwas bringt, sondern, ob es aus kollektiver Perspektive sinnvoll ist. Menschen möchten an sich gerne ein positives Selbstbild von sich aufrechterhalten, weswegen moralische Motive durchaus auch motivierender wirken können als zum Beispiel monetäre (Bolderdijk et al., 2013). Dies kann uns helfen über unseren Egozentrismus hinauszuwachsen und nachhaltige Werte wie Gemeinschaft (▶ Kap. 6.6.3), Freundschaften und Familie, Fürsorge, Empathie, Gerechtigkeit, Verantwortungsübernahme und Gleichheit zu verfolgen. Eine Psychotherapie kann ein wunderbarer Ort dafür sein unserer Entwicklung eine Richtung zu geben, die wir als sinnhaft erleben und dabei auch die Interaktion und Interdependenz unseres Wohlergehens und Sinnerlebens mit Umwelteinflüssen zu reflektieren.

Es ist auf den unterschiedlichsten Wegen möglich, Werte mit Patientinnen zu explorieren und mit ihnen daran zu arbeiten. Man kann dies eher kognitiv orientiert im freien Gespräch oder anhand von Wertelisten angehen, bei denen die Wichtigkeit und die Umsetzung der Werte im Alltag exploriert werden. Auch ist es möglich, eher emotionsaktivierend anhand von Fantasiereisen zu eruieren, was Ziele und Werte für das Leben sind. Zum Beispiel durch eine Konfrontation in sensu mit dem eigenen Grabstein oder einer imaginierten Rede zum 80. Geburtstag. Dabei ist es unter anderem wichtig, selbstfürsorglich und im Einklang mit dem Energiehaushalt zu agieren und angemessene Ziele zu setzen (▶ Kap. 6.5.1).

Eine andere Art, mit Patientinnen ins Gespräch über Werte und Entwicklungspotentiale zu kommen, ist das Werte- und Entwicklungsquadrat, welches unter anderem von Schulz von Thun (1989) weiterentwickelt wurde. Bei Gesprächen über Werte, die unser Verhalten bezüglich der Klimakrise beeinflussen, verwickeln wir uns oft in Konflikte, sehen viele Widersprüche unserer Werte und Ziele, außerdem kann es zu Übertreibungen in eine Richtung kommen. Bei der nun folgenden Technik geht es darum, eine Balance oder auch ein gesundes Spannungsverhältnis zwischen diesen – gegebenenfalls nur scheinbar existierenden – Widersprüchen zu finden. Komplementäre Werte (▶ Abb. 6.5: Wert A und B) können eruiert und Entwicklungspotentiale entdeckt werden, um diese Scheinwiderstände hin zu einer Balance zu verändern. Die Etablierung von Komplementärwerten kann die positiven Effekte von Werten noch steigern, da wir sie konstruktiv ausgleichen und nicht in eine ungesunde Übertreibung abrutschen (▶ Abb. 6.5: Übertreibung A und B, nach Jänicke, 2006). Um die Umsetzung dieser Schritte zu unterstützen, ist es sinnvoll konkrete Ziele diesbezüglich zu definieren. Es kann hilfreich sein, diese Ziele in kurz-, mittel- und langfristige Ziele zu unterteilen und konkrete Handlungen zu planen. Zur Stressimmunisierung ist es ebenfalls zu empfehlen potenziell auftretende innere Barrieren zu besprechen (z. B. herausfordernde Gefühle, hinderliche Gedanken) und Strategien im Umgang damit zu erarbeiten.

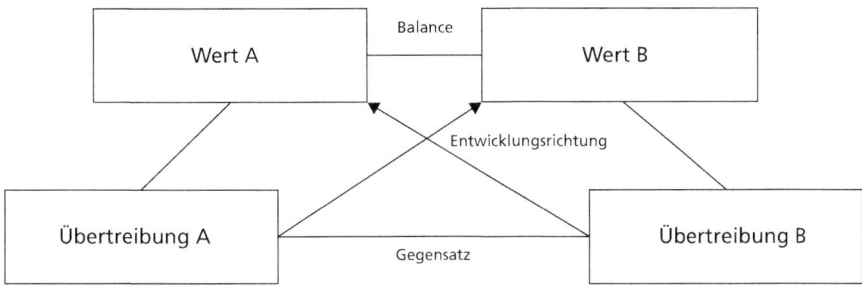

Abb. 6.5: Werte- und Entwicklungsquadrat nach Jänicke (2006)

Fallbeispiel

Herr D. (35 J.) ist Physiker an einem wissenschaftlichen Institut. Er ist sozial gut eingebunden, lebt in einer festen Partnerschaft, wandert und klettert in seiner Freizeit. Er habe sich im Rahmen seines Studiums vermehrt mit der Klimakrise beschäftigt und sich in die wissenschaftliche Faktenlage eingearbeitet. Seitdem lasse ihn das Thema nicht mehr los, er habe sich im Masterstudium den Scientists for Future angeschlossen und sei noch aus Jugendtagen beim Bund für Umwelt und Naturschutz angebunden. Er setze hohe Ansprüche an sich und seine Arbeit sowie auch an sein Ehrenamt – »Wenn ich etwas mache, dann mache ich es auch richtig und bis es fertig ist, dann gibt es keine Ausreden.« Im halben Jahr bevor er sich um einen Psychotherapieplatz bemüht habe, habe er immer schlechter geschlafen und sei tagsüber oft erschöpft, reizbar und gehetzt gewesen. »Ich komme einfach nicht zur Ruhe.« Sein Verstand höre nicht auf zu Grübeln, was er noch alles tun müsse, was alles noch anstehe, was er vielleicht vergessen habe. Dies lasse ihn sehr effektiv arbeiten, habe aber großen Einfluss auf seine restliche Freizeit. Auch wenn er schönen Aktivitäten nachgehe, sei er nicht mit der vollen Aufmerksamkeit dabei, sondern es sei ihm stets bewusst, was danach alles noch getan werden muss. Dies frustriere ihn und seine Partnerin sei deswegen in den letzten Wochen vermehrt unzufrieden gewesen mit der Beziehung. Sie melde ihm oft zurück, dass er sich zu viel vornehme und sie dann seine schlechte Laune und Unruhe abbekomme.

Im folgenden Ausschnitt wird ein Therapiegespräch aus der 11. Sitzung mit Herrn D. vorgestellt. Das Gespräch fand im Rahmen eines Gesprächs über seine Ziele und Werte für sein Leben und spezifisch für die Psychotherapie statt.

Ausschnitt aus dem Therapiegespräch

Ther.: Sie haben eben erzählt, dass Sie einiges im Rahmen Ihres Klimaengagements machen. Sie sind in zwei Gruppen aktiv, kümmern sich um den Social Media-Kanal einer der Gruppen und nehmen an den Treffen und verschiedenen Aktionen teil.

Pat.: Ja, das stimmt. Ich bin in den Initiativen aktiv und mache dort vor allem, was grad ansteht, aber die sozialen Medien betreue ich auch.

Ther.: Wie geht es Ihnen denn damit? Sie deuteten an, dass es da manchmal Schwierigkeiten gibt.

Pat.: (*Hält inne, scheint nachzudenken.*) Ich weiß nicht so recht. Es ist mir wichtig, was ich da mache, und ich will es auf jeden Fall weiter tun, aber es ist schon anstrengend manchmal. Ich mache das ja neben der Arbeit und den sonstigen Dingen, die so anstehen in meinem Leben.

Ther.: Da kommt dann Einiges zusammen.

Pat.: (*Nickt.*) Ja. (*Kurze Pause.*) Meine Freundin ist auch nicht begeistert davon. Ich bin deswegen viel am Handy, muss ich ja wegen des Accounts, den ich betreue, aber sie nervt das schon. Mich nervt das ja auch, aber vor allem dann ihr Unverständnis. Sie sollte doch verstehen, dass das nun mal wichtig ist. (*Wirkt etwas verärgert.*)

Ther.: Was gibt sie Ihnen denn für Rückmeldungen?

Pat.: Das ich nicht ständig am Handy hängen und ihr auch mal meine volle Aufmerksamkeit schenken soll. Das tue ich ja auch! (*Pause.*) Manchmal. Ich hab' halt viel zu tun und muss immer aufpassen, dass ich bei den Online-Diskursen dranbleibe und nichts verpasse. Da muss man oft schnell reagieren. Aber das versteht sie leider nicht.

Ther.: Sie möchte, dass Sie dann ganz bei ihr sind.

Pat.: Ja. Kann ich ja auch verstehen, irgendwie. Aber ich kann mich ja nun mal nicht zweiteilen. (*Wirkt unruhig.*)

Ther.: Da haben Sie wohl Recht, zweiteilen ist schwierig. Was ist denn für Sie besonders wertvoll und wichtig an Ihrem Aktivismus, dem Betreuen der sozialen Medien?

Pat.: Hm. Naja, dass ich überhaupt was tue. Klingt irgendwie profan. (*Lächelt.*) Aber ja, ich weiß ja, wie die Lage ist mit der Klimakrise und ich kann da nicht einfach zusehen und nichts tun. Dann wäre ich ja noch gestresster. Ich möchte, soweit ich das eben kann, Einfluss nehmen. Vor allem, weil ich möchte, dass es diese Welt, die Natur und die Tiere noch lange gibt.

Ther.: Ok. Das heißt... die Werte, die hinter Ihrem Verhalten stehen sind: Nachhaltigkeit oder Naturverbundenheit? Und auch Verantwortung?

Pat.: Puh. Darüber habe ich so noch nie nachgedacht. »Verantwortung« resoniert irgendwie mit mir. Ja, ich fühle mich verantwortlich, aber nicht, weil ich muss, sondern, weil ich das wichtig finde! Ich wünschte, mehr Menschen würden sich verantwortlich fühlen...

Ther.: Ok, Verantwortung also. (*Wendet sich dem Flipchart zu, trägt Wert A ein,* ▶ *Abb. 6.6.*) Ich schreibe das mal mit, in einem sogenannten Wertequadrat. Das hilft uns, dem Ganzen eine Struktur zu geben.

Pat.: Ja. Also, Naturverbundenheit auch, das ist auch ein wichtiger Wert für mich, aber bei dem Thema, was wir davor hatten, ist Verantwortung mehr im Vordergrund.
Ther.: Gut, schön, dass Sie da so in Kontakt gehen können, dass das spürbar wird.
Pat.: Ja... ich weiß' nicht, so fühlt es sich eben an. (*Lächelt.*)
Ther.: Manchmal geht dieser Wert ja ganz schön weit bei Ihnen, da wird das Ganze sehr dominant und überschattet andere wichtige Dinge in Ihrem Leben.
Pat.: Ja, manchmal denke ich, ich übertreibe schon ein wenig. Das geht schon ganz schön weit mit der »Verantwortung«. Das lastet auch manchmal ziemlich auf mir.
Ther.: Das glaube ich Ihnen, das kann sich sicher ganz schön schwer anfühlen, manchmal. Lassen Sie uns doch mal ein oder zwei Begriffe finden für diese Übertreibung des Wertes Verantwortung, die Sie angefangen haben zu beschreiben.
Pat.: Hm... (*Pause.*) Vielleicht »Kontrollzwang«? Es ist schon so, dass ich hin und wieder gar nicht mehr aufhören kann, die Accounts zu checken, will immer alles mitbekommen.
Ther.: »Immer alles mitbekommen«... klingt recht perfektionistisch.
Pat.: (*Lacht.*) Ja, auf jeden Fall. Das kenne ich aus verschiedenen Bereichen meines Lebens.
Ther.: Ok, wir nennen es also »Kontrollzwang/Perfektionismus«, als Übertreibung der Verantwortung. Und nun scheint es so, als stünden diese Übertreibungen im Widerspruch zu manch' anderen Werten, die Sie so in Ihrem Leben verfolgen. Lassen Sie uns das mal ebenfalls in das Modell eintragen. (*Zeigt auf das Wertequadrat-Modell auf dem Flipchart und trägt Übertreibung A ein.*)
Pat.: Ja, offensichtlich schon. Ich hab' ja kaum mehr Zeit für irgendetwas anderes. Ich möchte ja auch mehr Zeit mit meiner Freundin und meinen Freunden verbringen, aber ich kriege das oft nicht unter einen Hut.
Ther.: Ok. Dadurch, dass der Fokus so stark auf der Verantwortung liegt, bleibt Anderes für Sie wichtiges auf der Strecke.

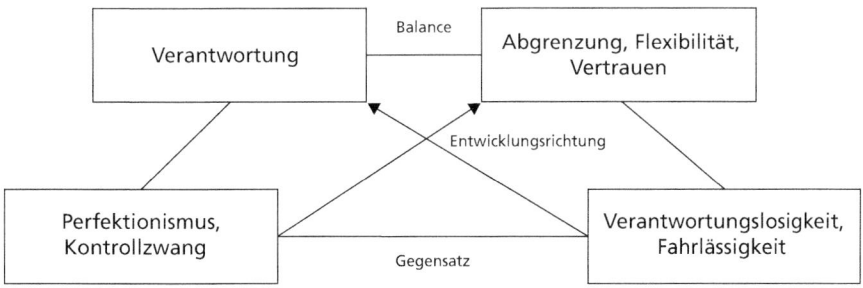

Abb. 6.6: Werte- und Entwicklungsquadrat von Herrn D.

Mit Herrn D. wurde in diesem Ausschnitt sein Umgang mit einem für ihn zentralen Wert, der Verantwortungsübernahme (Wert A), besprochen. Dieser Wert erscheint als im Grunde adaptiv und funktional. Durch ein fehlendes Ausbalancieren dieses Wertes entstand jedoch eine Übertreibung in Richtung »Kontrollzwang und Perfektionismus«. Herr D. berichtete im weiteren Gespräch, besorgt zu sein, durch ein Abweichen von seinem Perfektionismus in das Gegenteil umzuschlagen und verantwortungslos und fahrlässig zu agieren. Der funktionale Anteil hinter diesen scheinbar diametral entgegengesetzten Werten, nämlich eine gesunde Selbstfürsorge in Form von Abgrenzungsfähigkeit und Vertrauen darauf, nicht alles alleine stemmen zu müssen, konnte eruiert werden. Es ergaben sich im Gespräch als Komplementärwert B »Abgrenzung, Flexibilität, Vertrauen« und als Übertreibung B »Verantwortungslosigkeit, Fahrlässigkeit« (▶ Abb. 6.6).

Auf diesem Weg war es möglich, die positiven Kerngedanken und dahinterstehenden Werte der beiden Übertreibungen zu explorieren und zu validieren. Außerdem konnte ein bewussterer Umgang mit den Werten unterstützt sowie eine ausgeglichenere Balance der Werte als Zielzustand geplant werden.

Als Entwicklungsrichtung wurden Schritte hin zu mehr Abgrenzung, Flexibilität und Vertrauen besprochen, bei gleichzeitiger Aufrechterhaltung einer gesunden Verantwortungsübernahme. Dabei wurden die Kosten der Übertreibungen herausgearbeitet (u. a. Konflikte mit der Partnerin, fehlende positive Freizeitaktivitäten, Erschöpfung) und konkrete werteorientierte Entwicklungsschritte definiert.

Konkrete Handlungsziele zum Erreichen des langfristigen Zieles sich verantwortungsbewusst, nachhaltig und gesund zu engagieren, waren unter anderem die Förderung der Abgrenzungsfähigkeit durch Stimuluskontrolle (feste »Handy-Zeiten«, bewusstes Weglegen bzw. gar nicht erst Mitnehmen des Handys bei Freizeitaktivitäten) und das Fördern und feste Etablieren von hilfreichen Gedanken (z. B. *»Es ist wichtig, dass ich mal abschalte und für mich sorge.«*, *»Ich kann nur Verantwortung tragen, wenn ich mich gut um mich kümmere.«*, *»Ich kann mich auf die anderen in der Gruppe verlassen, ohne mich bricht nicht alles zusammen.«*).

6.6.2 Naturverbundenheit

Die Wichtigkeit von Naturverbundenheit wurde im Kapitel zur Klimaresilienz (▶ Kap. 5.2) bereits angesprochen. Viele Studien konnten zeigen, dass Naturerfahrungen positive Effekte auf verschiedene Aspekte haben, unter anderem auf unser psychisches Wohlergehen, unser Immunsystem und auch unsere gerichtete Aufmerksamkeit (Menzel, 2022; Berman et al., 2008). Im Rahmen der Klimaresilienz kommt Naturerfahrungen eine besondere Rolle zu. Sie wirken sich zum einen positiv auf unsere psychische Gesundheit aus, zum anderen ist Naturverbundenheit, welche vor allem durch ein bewusstes Erleben von Natur entsteht, mit umweltbewusstem Verhalten assoziiert (Mackay & Schmitt, 2019). Dies verdeutlicht die Interdependenz und Verbundenheit der menschlichen Zivilisation mit der Natur. Um genau zu sein, sind wir, anders als oft wahrgenommen, Teil der Natur. Wir ziehen aus der Interaktion mit der Natur viel Positives und unser oberstes Ziel sollte es deshalb sein, sie zu schützen – sie ist unumgänglich für unser Überleben. Nur ist ein bewusstes Erleben der Natur nicht immer Teil unseres Alltags, oft findet unser Leben vor allem in Innenräumen statt und wir stehen wenig im Kontakt mit der

Natur, was dann wiederum die Wahrscheinlichkeit von umweltbewusstem Verhalten senkt.

Selbsterfahrungsfragen

Nehmen Sie sich erneut einen Moment Zeit, um sich mit Ihrem eigenen Umgang mit der Natur auseinanderzusetzen.

- Inwiefern sind Naturerfahrungen Teil Ihres Alltags?
- Ist das Ausmaß eine bewusste Entscheidung?
- Gibt es Zeiten, in denen Sie sich abgekoppelt von der Natur, unverbunden mit Ihrer Umwelt fühlen?
- Welche Auswirkungen hat das auf Sie?
- Welche Naturerfahrungen würden Ihnen guttun?
- Welche Ziele können Sie sich diesbezüglich setzen?
- Hat dies einen Einfluss auf Ihre Arbeit als Psychotherapeutin?

Auf der kollektiven Ebene der Klimaresilienz bedeutet dies, dass der Naturschutz eine hohe Priorität haben muss, Begrünungen deutlich ausgeweitet, Naturräume attraktiv gestaltet und die Möglichkeit von Naturerfahrungen erleichtert werden müssen. So könnte kollektiv ein gesünderes Verhältnis zur Natur entstehen und umweltbewusstes Verhalten hervorrufen. Auf individueller Ebene kann dieses Wissen nutzbar gemacht werden, um Menschen unsere Abhängigkeit von der Natur und der Gesundheit unseres Planeten zu verdeutlichen und die positiven Effekte von Naturerfahrungen herauszuarbeiten. Naturerfahrungen können uns helfen, umweltbewusster zu handeln und gleichzeitig eine Resilienzstrategie sein im Umgang mit schwierigen Gefühlen (Menzel, 2022). Dabei kann es hilfreich sein, alte Erinnerungen der Verbundenheit, zum Beispiel aus der Kindheit, zu reaktivieren, um Emotionen hierzu zu spüren und vergrabene Ressourcen zu lokalisieren. Dies kann auch ein wichtiger Schritt sein, um die Teilnahmslosigkeit zu überwinden, die manche Menschen gegenüber der Natur und dem Schaden empfinden, den wir Menschen ihr zufügen, die eigene Verantwortung zu sehen und in einen mitfühlenderen Kontakt mit ihr zu kommen (Krimmer, 2022).

In der Arbeit mit Patientinnen kann dies bedeuten, dass die Wichtigkeit von naturbezogenen Ressourcen besprochen und das regelmäßige bewusste Aufsuchen der Natur empfohlen wird. Dabei gilt es, die Natur jedoch nicht zu romantisieren, sondern in einen realistischen und ehrlichen Austausch mit ihr zu kommen und sich als Teil von ihr wahrzunehmen. Dies kann zum Beispiel in Form von Meditationen oder anderen Übungen in der Natur und aktivem Interagieren mit der Natur (z. B. durch Gartenarbeit) oder dem Beobachten der Pflanzen- und Tierwelt stattfinden.

Es ist sinnvoll, gemeinsam mit der jeweiligen Patientin Ideen zu sammeln, die sie sich vorstellen könnte und wie diese umgesetzt werden können. Einige Ideen für Übungen zur Förderung von Naturverbundenheit oder zur Erschließung der Natur als Quelle für Klimaresilienz folgen hier:

- Achtsamkeitsübungen
  - die sich auf die Verbundenheit und Dependenz mit der Natur beziehen (z. B. hinsichtlich des Teilens der Luft mit Pflanzen, des Kreislaufs und Austausches von Kohlenstoffdioxid und Sauerstoff zwischen Menschen und Natur)
  - die sich auf das bewusste Wahrnehmen der Natur beziehen (z. B. das Beobachten von Tieren oder Pflanzen)
  - beim Spazierengehen durch die Natur
- Etablierung eines inneren, sicheren Ortes in der Natur, der als Quelle von Ruhe und Sicherheit dient
- Imaginativ in Verbindung zu einem Ort in der Natur treten, der in der Kindheit wichtig war (in Kontakt kommen mit den damaligen Gefühlen und Körperempfindungen, ggf. einen Köperanker setzen)
- Genussübungen in der Natur (z. B. genussvolles Entspannen)

6.6.3 Klimaengagement und Finden einer Gemeinschaft

Kollektiv ins Handeln zu kommen ist ein wichtiger Fokus im Sinne der Klimaresilienz, da nur auf diesem Weg ein aktiver, langfristig ausgerichteter Umgang mit der Klimakrise gefunden werden kann. In den vorherigen Kapiteln lag der Fokus darauf die Emotionen zu spüren, nun ist es das Ziel mit diesen Gefühlen und gemäß der wissenschaftlichen Faktenlage werteorientiert zu handeln.

Untersuchungen legen nahe, dass gerade kollektive klimaschützende Handlungen uns im Umgang mit kognitiven und emotionalen Beeinträchtigungen, die durch die Klimakrise entstehen, helfen, wohingegen individuelle Handlungen wichtig sein können, aber weniger Einfluss auf die erlebte Resilienz haben (Schwartz et al., 2022). Auch in den Austausch zu gehen, sich von anderen Menschen verstanden zu fühlen und gemeinsam für geteilte Werte einzustehen, ist Teil klimaresilienten Handelns (u. a. Dohm und Klar, 2020). Wir Menschen erleben es als entlastend, wenn wir merken, dass wir nicht alleine stehen mit unserem Leid und wenn wir uns in unseren Gefühlen zugehörig fühlen können, im Sinne der Universalität des Leides (Yalom & Leszcz, 2005). Es kann motivieren und beflügeln, belastende Erfahrungen und Empfindungen mit Menschen zu teilen, dies wird als sehr unterstützend erlebt. Es kann uns helfen, das Erlebte zu verarbeiten, neue Blickwinkel einzunehmen und an der Erfahrung der Krise zu wachsen (Joseph, 2011), insbesondere, wenn unser Umfeld uns dabei hilft Verantwortung für unsere Empfindungen und Handlungen zu übernehmen. Neben dem Austausch und dem Teilen von Gefühlen, können wir uns in Gruppen auch auf andere verlassen, wir können Ressourcen der Gruppe nutzen und Unterstützung erhalten. Teil einer Gruppe zu sein, kann es uns ermöglichen, Selbstwirksamkeit und Sinnerleben zu verspüren (Dohm und Klar, 2020). Im besten Falle kann eine Gruppe emotionale und praktische Unterstützung bieten.

Wie klimafreundliches Handeln konkret angegangen werden kann, ist sehr unterschiedlich. Im Folgenden wird ein Ausschnitt aus einem Beratungsgespräch diesbezüglich vorgestellt.

Fallbeispiel

Herr F. (40 J.) ist Lehrer an einer Gesamtschule. Vor vier Monaten ist sein drittes Kind geboren worden, aktuell ist er in Elternzeit zuhause und betreut die Kinder gemeinsam mit seiner Ehefrau. Er fühle sich insgesamt sehr gestresst und mache sich viele Sorgen. Er verfolge die Nachrichten bezüglich der Klimakrise und sei sehr frustriert darüber, wie wenig auf politischer Ebene passiere (»Wie soll das denn alles enden, es müsste so viel gemacht werden, aber es passiert nichts.«). Er führe auch immer wieder Konflikte mit seinem sozialen Umfeld, das seine Beunruhigung nicht verstehe. Wenn er von seinen Sorgen spreche, fühle er sich von den anderen nicht ernstgenommen, in seinem Freundes- und Bekanntenkreis fühle niemand wie er und Gespräche über die Klimakrise seien eher nicht erwünscht (»Die nehmen mich nicht für voll, die sagen nur, ich soll mich mal nicht so aufregen deswegen, das wird schon alles. Das macht mich so wütend!«). Mit seiner Frau könne er darüber sprechen und ihr gehe es ähnlich, aber er wolle sie in der aktuell sowieso angespannten Lage nicht weiter dadurch belasten. Er mache sich viele Gedanken um seine Familie, habe Zukunftsängste und hinterfrage seine Entscheidung eine Familie gegründet zu haben. Er meldete sich bei den Psychologists/Psychotherapists for Future und bat um ein Beratungsgespräch, er suche Unterstützung, benötige jedoch keine Psychotherapie.

Ausschnitt aus dem Beratungsgespräch

Pat.: Ich weiß manchmal gar nicht, wohin mit mir und all den Gedanken in meinem Kopf. Mir macht das alles richtig Angst, aber wenn ich es in meinem Umkreis thematisiere, reagieren sie alle wenig hilfreich.
Ther.: Wenig hilfreich?
Pat.: Naja. Sie belächeln es oder sie sagen, das wäre doch gar nicht so schlimm alles. Sie beschäftigen sich gar nicht mit der Klimakrise. Ich kann das einfach nicht nachvollziehen. (*Fährt sich nervös durch die Haare.*)
Ther.: Ich kann verstehen, dass das nicht leicht für Sie ist. Sie beschäftigt die Krise sehr und Sie würden gerne darüber sprechen, aber Ihr Umfeld fühlt sich anscheinend nicht motiviert, sich damit auseinanderzusetzen.
Pat.: Ja, ich kann sie ja nicht zwingen, aber ich hab' inzwischen auch immer weniger Lust, mich mit diesen Leuten zu treffen.
Ther.: Sie ziehen sich zurück?
Pat.: Ja, in letzter Zeit sehr. Mich strengt es mehr an, als dass es mir hilft, mich mit Leuten zu treffen. Das bisschen Energie, was ich noch habe, nachdem ich mich den ganzen Tag um die Kinder gekümmert habe, will ich nicht mit unnötigen Diskussionen verschwenden. Ich kann die eh nicht überzeugen, ich hab' es so oft versucht.
Ther.: So wie Sie es beschrieben haben, scheint es aktuell ein hoffnungsloser Kampf zu sein. (*Pause.*) Aber wie schade, dass Sie dann weniger Austausch haben. Das ist ja gerade, wenn uns etwas sehr beschäftigt, wichtig. Gerade auch ein

Pat.: Austausch mit Menschen, die uns verstehen, vielleicht sogar ähnlich empfinden, mit denen man vielleicht auch aktiv werden kann.
Pat.: Ich will das ja auch. Aber ich weiß einfach nicht, wie ich das anstellen soll. Wo ich wohne, gibt es diese Menschen nicht. Und ich kann auch aktuell nicht viel Zeit in sowas investieren, ich hab' so viel zu tun mit meiner Familie, da weiß ich manchmal eh nicht mehr, wo mir der Kopf steht.
Ther.: Hmm. Da ist es sicher schwierig sich aufzuraffen, wenn Sie so viel zu tun haben.
Pat.: Ja, sehr. *(Pause.)* Aber gut geht es mir damit halt auch nicht. Ich werde langsam richtig bitter.
Ther.: Ja. Sie sehen gerade so wenig Möglichkeiten sich darüber auszutauschen und dann sind da all diese Gefühle. Ohnmacht, Angst, Wut.
Pat.: *(Nickt.)* Ich wünsche mir wirklich einen Ort, wo ich darüber sprechen kann.
Ther.: Wenn Sie sich diesen Ort herzaubern könnten, wie sähe der aus? Was wären da für Menschen? Was würden Sie tun?
Pat.: Hm. Da wären lauter nette Menschen, in unterschiedlichem Alter, die alle sehen, was in der Welt grad los ist und auch etwas tun wollen. Und wir starten zusammen Aktionen, vielleicht mal eine Demo oder ein Stadtteilprojekt und wir tauschen uns aus. Machen auch nette Dinge zusammen. *(Lächelt.)* Das wär' nett.
Ther.: Das klingt auch sehr nett. Können Sie sich vorstellen, dass es so einen Ort oder etwas Ähnliches tatsächlich gibt? Wo sowas umsetzbar wird?
Pat.: Ich weiß es nicht, vielleicht. Es gibt ja einige Vereine und sowas.
Ther.: Ja, es gibt einige Initiativen, die sich für Klima- und Umweltschutz einsetzen. Gruppen, die sich vor allem für lokalen Naturschutz einsetzen, Parteien, Elternzusammenschlüsse und vieles mehr.
Pat.: *(Denkt nach.)* Eine Elterngruppe wäre eigentlich schön. Aktuell bin ich ja eh nur als Papa unterwegs, da wäre es richtig schön sich mit gleichgesinnten Eltern auszutauschen. Vielleicht sogar die Kinder mitzunehmen und die können dann dort spielen. Und wir reden. Und planen vielleicht was.
Ther.: Das klingt ja ein bisschen so wie das, was Sie beschrieben hatten in Ihrer Fantasie. Können Sie sich denn vorstellen, nach solchen Gruppen zu suchen und sich dort zu melden?
Pat.: Ja, schon. Ich darf es nur nicht aufschieben, sonst mache ich es nie. Wenn ich so in meinem Trott bin, ist das immer so schwer. Aber dann bin ich eben auch unzufrieden. *(Pause.)* Wäre es vielleicht ok, wenn wir jetzt mal zusammen gucken würden?
Ther.: Das können wir gerne tun. Eine Gruppe, die Sie sich mal ansehen können, sind die Parents for Future, das ist eine Klimainitiative explizit für Eltern.
Pat.: Ja, von denen hatte ich sogar mal gehört, aber dann gab es bei mir im Viertel keine. Aber, wenn die Gruppentreffen nicht so oft sind, könnte ich ja dann auch mal eine weitere Strecke auf mich nehmen. Denke ich.
Ther.: Dann lassen Sie uns doch mal schauen.

Mit Herrn F. wurden im Weiteren konkrete Schritte geplant, wann er sich bei zwei Gruppen melden werde, die ihn angesprochen hatten. Außerdem wurden mögliche

Hindernisse dabei besprochen und Strategien im Umgang damit festgehalten (u. a. bei Aufschieben der Kontaktaufnahme: festes Terminieren, Bewusstmachen der Werte und Ziele, die motivieren, Belohnung dafür schaffen und hilfreiche Gedanken diesbezüglich notieren, z. B. »*Jetzt ist es für mich anstrengend, aber langfristig kann es dadurch leichter werden.*«, »*Ich kann auch angestrengt die Mail schreiben und mir danach eine Pause gönnen.*«).

Inwiefern wir von der theoretischen Auseinandersetzung mit der Krise uns dafür entscheiden in irgendeiner Form aktiv tätig zu werden, ist auch abhängig davon, wie stabil und gesund wir uns fühlen (Nikendei, 2020). Genau dort können wir durch Psychotherapie und Beratung wunderbar ansetzen. Auf den Entscheidungsprozess, ob sich jemand für die Umwelt engagiert, nimmt auch die individuelle soziale und ökologische Norm Einfluss, was unter anderem moderiert wird durch das individuelle Problembewusstsein, das Gefühl der Verantwortung und die Selbstwirksamkeitserwartung (Hamann et al., 2016). In Kapitel 2.1 wurde dies bereits ausführlich dargelegt. Pihkala (2019) betont, dass ein ins Handeln kommen (= problemorientiert agieren) immer mit dem Aufbau emotionaler Kompetenzen und dem Abbau von Vermeidung (= emotionsfokussiert agieren) in Verbindung stehen sollte. So kann Engagement sehr hilfreich sein und als mentale Bewältigungsstrategie wirken. Klimaaktivismus ist zum einen ein bedeutsamer Resilienzfaktor und viele Aktivistinnen berichten, dass ihr Engagement und kollektives Handeln die wichtigste Hilfe bei der Bewältigung von Ohnmacht, Traurigkeit und Ängsten war (Pihkala, 2020). An dieser Stelle sei verwiesen auf den Abschnitt zur Hoffnung (▶ Kap. 3.3), da diesem Gefühl hier bezüglich der Handlungen eine bedeutsame Rolle zukommt. Wenn wir die Annahme in uns tragen, dass wir nicht genau wissen, welche und ob unsere Handlungen einen signifikanten Effekt haben werden, so ist es doch sinnvoll, die Hoffnung und ein Gefühl von Sinnhaftigkeit diesbezüglich zu bewahren, sich aber gleichzeitig nicht in übertriebenem Optimismus zu verlieren. Auch fanden sich in einer Studie von Klar & Kasser (2009) Hinweise darauf, dass Menschen, die sich im Sinne von Aktivismus engagieren, von einer höher erlebten Vitalität berichteten, was jedoch nicht für »extremen Aktivismus« galt. Dies zeigt auch, wie wichtig es ist – und dies wurde in einigen Fallbeispielen bereits beleuchtet –, dass das Engagement psychisch nachhaltig ausgerichtet ist und die Verantwortung nicht unverhältnismäßig auf den Schultern einzelner Menschen liegt (u. a. Budziszewska und Jonsson, 2022, Dohm und Klar, 2020). Ein Herausarbeiten davon, dass individuelle Resilienz nur eingebettet in Interaktion mit kollektiv resilienten Strukturen (gesellschaftlich, politisch, ökologisch, usw.) möglich ist, ist hier immer wieder deutlich zu betonen. Pausen und Auszeiten im Rahmen der Selbstfürsorge sind dabei Pflicht, da ansonsten ein langfristiges Engagement nicht gesund durchgehalten werden kann (▶ Kap. 2.2.3, Abschnitt »Activist Burnout«). Dies bietet auch die Chance zu lernen darauf zu vertrauen, dass nicht alles zusammenbricht, wenn man sich selbst ein wenig Ruhe gönnt.

7 Abschließende Gedanken

Mit diesem Buch wollen wir aufzeigen, dass einerseits bereits viel Wissen über psychische Mechanismen in der Klimakrise vorhanden ist und wir andererseits auch unsere allgemeine psychotherapeutische Erfahrung dabei nutzen können, einen angemessenen Umgang mit der Klimakatastrophe zu unterstützen.

Dabei ist es nicht nur unser Ziel, einen gebündelten Überblick über die Faktenlage und das therapeutische Handwerkszeug zu geben, sondern auch allgemein mehr klimabezogenes Bewusstsein in der psychotherapeutischen Praxis zu schaffen und zu motivieren, als Therapeutin und Privatperson Verantwortung zu übernehmen. Wir hoffen, dass wir durch dieses Buch Ihre Selbstwirksamkeit im Umgang mit der Krise stärken konnten, ebenso wie die Bereitschaft der Thematik in der therapeutischen Praxis an passender Stelle mehr Raum zu geben.

Aus unserer Sicht ist die Klimakrise das wichtigste und dringendste Thema unserer Zeit. Für den Klimaschutz zu kämpfen beinhaltet, sich für Menschenrechte und psychische Gesundheit einzusetzen. Wir befinden uns dabei in einer privilegierten Lage – Die Klimakrise ist für die meisten von uns hier in Deutschland (noch) keine lebensbedrohliche Situation. Viele Menschen in anderen Teilen dieser Erde sind nicht in dieser Position, sondern sind bereits deutlich mehr betroffen von den Auswirkungen. Wir leben in einem wohlhabenden Land, haben die Kapazitäten und Möglichkeiten, uns um die Klimakrise Sorgen zu machen und uns konstruktiv mit ihr auseinander zu setzen. Anders als andere Menschen bangen wir nicht um die Befriedigung existenzieller Bedürfnisse und tragen aufgrund dieser Privilegien auch eine größere Verantwortung.

Im Angesicht großer Krisen und Herausforderungen fühlen wir uns oft überwältigt, sogar ohnmächtig und insbesondere bei der Klimakatastrophe ist dies häufig der Fall, da sie so allumfassend und existenziell ist. Wir sollten uns dennoch darauf besinnen, dass wir alle, jede Einzelne auch Teil der Lösung sind. Dabei ist es vollkommen verständlich und gesund, nicht immer all seine Aufmerksamkeit darauf zu richten, sondern auch den Blick zu bewahren für all die anderen Themen, Probleme, Aufgaben und auch schönen Momente, die unser Leben beinhaltet. Dies schließt jedoch ein grundlegendes Annehmen der aktuellen Faktenlage und eine Besinnung darauf, was unter diesen veränderten Zukunftsaussichten wichtig und wertvoll ist, nicht aus. Vielmehr kann es eine Chance sein, sich damit bewusst zu beschäftigen.

Wir möchten Sie ermutigen, sich mehr zu beteiligen, ins Fühlen und Handeln zu kommen. Wir haben unser Fachwissen als Psychotherapeutinnen, das wir nutzen können, für uns selbst und unsere Patientinnen. Wir sehen uns aufgrund dieses Wissens und unserer psychotherapeutischen Berufsethik nicht nur in der Position, sondern auch in der Verantwortung, wertvolle Beiträge zu leisten. Wir können uns und andere weiterbilden, über die systematische Unterschätzung der Bedrohung, über psychische Folgen der Klimakrise, Klimaresilienz und viele weitere wichtige Themen. Wir können in den Austausch gehen und uns in Gemeinschaften zusammenschließen, um größere Hebelwirkungen zu nutzen. Wir können Menschen dabei unterstützen, nicht in Angst, Resignation oder gar Schockstarre zu verfallen, sondern eine gesunde Balance zwischen Aktivismus und Selbstfürsorge zu wahren, um nicht auszubrennen und dabei sogar noch Zugänge zu einem werte- und sinnorientierten Leben aufzeigen.

Wir alle können viel tun, und das sollten wir auch!

III Verzeichnisse

Literaturverzeichnis

Aaltola, E. (2021). Defensive over Climate Change? Climate Shame as a Method of Moral Cultivation. *Journal of Agricultural and Environmental Ethics*, *34*(1).

Ahern, M., Kovats, R. S., Wilkinson, P., Few, R., & Matthies, F. (2005). Global Health Impacts of Floods: Epidemiologic Evidence. *Epidemiologic Reviews*, *27*(1), 36–46.

Albrecht, G. (2011). Chronic Environmental Change: Emerging ›Psychoterratic‹ Syndromes. In *Climate change and human well-being: Global challenges and opportunitie* (pp. 43–56).

Albrecht, G., Sartore, G.-M., Connor, L., Higginbotham, N., Freeman, S., Kelly, B., Stain, H., Tonna, A., & Pollard, G. (2007). Solastalgia: The Distress Caused by Environmental Change. *Australasian Psychiatry*, 15.

Anderson, C. A. (2001). Heat and Violence. *Current Directions in Psychological Science*, *10*(1), 33–38.

Antonovsky, A. (1993). Gesundheitsforschung versus Krankheitsforschung. In A. Franke & M. Broda (Eds.), *Psychosomatische Gesundheit. Versuch einer Abkehr vom Pathogenese-Konzept* (pp. 3–14).

Antonovsy, A. (1979). *Health, Stress and Coping.* Jossey-Bass.

Arabena, K., Armstrong, F., Berry, H., Brooks, P., Capon, T., Crabb, B., Demaio, A., Doherty, P., Lewin, S., Lo, S., Lopez, A., McMichael, C., McPake, B., Moodie, R., Nolan, T., Ruff, T., Sainsbury, P., Selvey, L., Shearman, D., … Watts, N. (2018). Australian health professionals' statement on climate change and health. *The Lancet*, *392*(10160), 2169–2170.

Australian Psychological Society. (2019). *The Climate Change Empowerment Handbook.* Australian Psychological Society APS.

Auszra, L., Herrmann, I. R., & Greenberg, L. S. (2017). *Emotionsfokussierte Therapie: ein Praxismanual.* Hogrefe.

Bandura, A. (1977). Self-efficacy: Toward a unifying theory of behavioral change. *Psychological Review*, *84*(2), 191–215.

Becker, J. C., Tausch, N., & Wagner, U. (2011). Emotional Consequences of Collective Action Participation. *Personality and Social Psychology Bulletin*, *37*(12), 1587–1598.

Bengel, J., & Lyssenko, L. (2012). Resilienz und psychologische Schutzfaktoren im Erwachsenenalter: Stand der Forschung zu psychologischen Schutzfaktoren von Gesundheit im Erwachsenenalter. In *Fachheftreihe Forschung und Praxis der Gesundheitsförderung* (Vol. 43). Bundeszentrale für gesundheitliche Aufklärung.

Berman, M. G., Jonides, J., & Kaplan, S. (2008). The Cognitive Benefits of Interacting With Nature. *Psychological Science*, *19*(12), 1207–1212.

Berufsverband deutscher Psychologinnen und Psychologen e.V. (2021). *Klimaschutz ist Gesundheits- und Bevölkerungsschutz: Psychologische Expertise als Grundlage für die Bewältigung der Klimakrise nutzen!*

Bhugra, D. (2004). Migration and mental health. *Acta Psychiatrica Scandinavica*, *109*(4), 243–258.

Bilandzic, H., Kalch, A., & Soentgen, J. (2017). Effects of Goal Framing and Emotions on Perceived Threat and Willingness to Sacrifice for Climate Change. *Science Communication*, *39*(4), 466–491.

Blackledge, J. T. (2015). *Cognitive defusion in practice: A clinician's guide to assessing, observing, and supporting change in your client.* New Harbinger Publications.

Bolderdijk, J. W., Steg, L., Geller, E. S., Lehman, P. K., & Postmes, T. (2013). Comparing the effectiveness of monetary versus moral motives in environmental campaigning. *Nature Climate Change*, *3*(4), 413–416.

Bonanno, G. A. (2008). Loss, trauma, and human resilience: Have we underestimated the human capacity to thrive after extremely aversive events? *Psychological Trauma: Theory, Research, Practice, and Policy*, 1, 101–113.

Brosch, T. (2021). Affect and emotions as drivers of climate change perception and action: a review. *Current Opinion in Behavioral Sciences*, *42*, 15–21.

Budziszewska, M., & Jonsson, S. E. (2022). Talking about climate change and eco-anxiety in psychotherapy: A qualitative analysis of patients' experiences. *Psychotherapy*, *59*(4), 606–615.

Budziszewska, M., & Kalwak, W. (2022). Climate depression. Critical analysis of the concept. *Psychiatr. Pol*, *56*(1), 171–182.

Bundespsychotherapeutenkammer. (2006). *Muster-Berufsordnung für die Psychologischen Psychotherapeutinnen und Psychotherapeuten und Kinder- und Jugendlichenpsychotherapeutinnen und Kinder- und Jugendlichenpsychotherapeuten.*

Bundespsychotherapeutenkammer. (2022). *Musterberufsordnung der Psychotherapeut*innen.*

Cannon, W. B. (1929). *Bodily Changes in Pain, Hunger, Fear and Rage* (Vol. 2). Appleton.

Carta, M. G., Bernal, M., Hardoy, M. C., Haro-Abad, J. M., & the »Report on the Mental Health in Europe« working group. (2005). Migration and mental health in Europe (the state of the mental health in Europe working group: appendix 1). *Clinical Practice and Epidemiology in Mental Health*, *1*(1).

CEE Centre for Environment Education. (n.d.). *Global Handprint Network.* https://www.handprint.in/global_handprint_network

Chaplin-Kramer, R., Sharp, R. P., Weil, C., Bennett, E. M., Pascual, U., Arkema, K. K., Brauman, K. A., Bryant, B. P., Guerry, A. D., Haddad, N. M., Hamann, M., Hamel, P., Johnson, J. A., Mandle, L., Pereira, H. M., Polasky, S., Ruckelshaus, M., Shaw, M. R., Silver, J. M., … Daily, G. C. (2019). Global modeling of nature's contributions to people. *Science*, *366*(6462), 255–258.

Chmielewski, F. (2019). Die Verleugnung der Apokalypse – der Umgang mit der Klimakrise aus der Perspektive der Existenziellen Psychotherapie. *Psychotherapeutenjournal*, *3*, 253–260.

Cianconi, P., Betrò, S., & Janiri, L. (2020). The Impact of Climate Change on Mental Health: A Systematic Descriptive Review. *Frontiers in Psychiatry*, 11.

Clayton, S., & Karazsia, B. T. (2020). Development and validation of a measure of climate change anxiety. *Journal of Environmental Psychology*, 69.

Clayton, S., Manning, C. M., Speiser, M., & Hill, A. N. (2021). Mental Health and Our Changing Climate: Impacts, Inequities, Responses. In *American Psychological Association, and ecoAmerica.*

Clery, P., Embliss, L., Cussans, A., Cooke, E., Shukla, K., & Li, C. (2022). Protesting for public health: a case for medical activism during the climate crisis. *International Review of Psychiatry*, *34*(5), 553–562.

Cox, L. (2011). *How do we keep going? Activist burnout and personal sustainability in social movements.* https://mural.maynoothuniversity.ie/2815/

Crost, B., Duquennois, C., Felter, J. H., & Rees, D. I. (2018). Climate change, agricultural production and civil conflict: Evidence from the Philippines. *Journal of Environmental Economics and Management*, 88, 379–395.

Cunsolo, A., & Ellis, N. R. (2018). Ecological grief as a mental health response to climate change-related loss. *Nature Climate Change*, *8*(4), 275–281.

Curran, T., & Hill, A. P. (2019). Perfectionism is increasing over time: A meta-analysis of birth cohort differences from 1989 to 2016. *Psychological Bulletin*, *145*(4), 410–429.

Dahl, C., & Dlugosch, G. E. (2020). Besser leben! Ein Seminar zur Stärkung der Selbstfürsorge von psychosozialen Fachkräften. *Prävention Und Gesundheitsförderung*, *15*(1), 27–35.

Dilling, H., Mombour, W., & Schmidt, M. H. (1991). *Internationale Klassifikation psychischer Störungen: ICD-10 Kapitel V (F), Klinisch-diagnostische Leitlinien* (Weltgesundheitsorganisation, Ed.). Huber.

Ding, N., Berry, H. L., & Bennett, C. M. (2016). The Importance of Humidity in the Relationship between Heat and Population Mental Health: Evidence from Australia. *PLoS ONE*, *11*(10).

Doherty, T. J., & Clayton, S. (2011). The psychological impacts of global climate change. *American Psychologist*, *66*(4), 265–276.

Dohm, L., Chmielewski, F., Peter, F., & Schulze, M. (2023). Klima-Angst und ökologischer Notfall. *Ärztliche Psychotherapie*, *18*(1), 5–9.

Dohm, L., & Klar, M. (2020). Klimakrise und Klimaresilienz. *Psychosozial*, *3*(161), 99–114.

Dohm, L., Peter, F., & Rodenstein, B. (2020). Wenn Warnungen ungehört verhallen – Psychische Prozesse im Umgang mit der Klimakrise. *Report Psychologie*, *45*, 2–5.

Duijndam, S., & van Beukering, P. (2021). Understanding public concern about climate change in Europe, 2008–2017: the influence of economic factors and right-wing populism. *Climate Policy*, *21*(3), 353–367.

Eifert, G. H., & Forsyth, J. P. (2005). *Acceptance and commitment therapy for anxiety disorders: A practitioner's treatment guide to using mindfulness, acceptance, and values-based behavior change strategies.* New Harbinger Publications.

Eyerund, T., & Orth, A. K. (2019). *IW-Report 22/2019 Einsamkeit in Deutschland.*

Faßbinder, E., Schweiger, U., & Jacob, G. (2016). *Therapie-Tools Schematherapie* (2nd ed.). Beltz.

Ferguson, M. A., & Branscombe, N. R. (2010). Collective guilt mediates the effect of beliefs about global warming on willingness to engage in mitigation behavior. *Journal of Environmental Psychology*, *30*(2), 135–142.

Festinger, L. (1957). *A theory of cognitive dissonance.* Stanford University Press.

Fritsche, I., Cohrs, J. C., Kessler, T., & Bauer, J. (2012). Global warming is breeding social conflict: The subtle impact of climate change threat on authoritarian tendencies. *Journal of Environmental Psychology*, *32*(1), 1–10.

Fritze, J. C., Blashki, G. A., Burke, S., & Wiseman, J. (2008). Hope, despair and transformation: Climate change and the promotion of mental health and wellbeing. *International Journal of Mental Health Systems*, 2.

Fröhlich-Gildhoff, K., & Rönnau-Böse, M. (2022). *Resilienz.* utb GmbH.

Fussel, H.-M. (2009). The ethical dilemma of climate change: How unequal is the global distribution of responsibility for and vulnerability to climate change? *IOP Conference Series: Earth and Environmental Science*, *6*(11).

Gaarder, E. (2008). Risk & Reward: The Impact of Animal Rights Activism on Women. *Society & Animals*, *16*(1), 1–22.

Gerber, Z., & Anaki, D. (2021). The Role of Self-compassion, Concern for Others, and Basic Psychological Needs in the Reduction of Caregiving Burnout. *Mindfulness*, 741–750.

Glaser, M. B. (1982). CO2 »Greenhouse« Effect. *New Jersey: Exxon Research & Engineering Company.*

Grawe, K. (2004). *Neuropsychotherapie.* Hogrefe.

Gray, J. A. (1978). The neuropsychology of anxiety. *British Journal of Psychology*, *69*(4), 417–434. https://doi.org/10.1111/j.2044-8295.1978.tb02118.x

Gray, J. A. (1990). Brain Systems that Mediate both Emotion and Cognition. *Cognition & Emotion*, *4*(3), 269–288.

Gray, J. A., & McNaughton, N. (2003). *The Neuropsychology of Anxiety.* Oxford University Press.

Greenberg, L. S., & Safran, J. D. (1989). Emotion in psychotherapy. *American Psychologist*, *44*(1), 19–29.

Habibi-Kohlen, D. (2020). Fünf nach zwölf? *Psychoanalyse Im Widerspruch*, *32*(1), 9–31.

Habibi-Kohlen, D. (2021). Zur zeitbedingten Abwehr der Klimakrise. In L. Dohm, F. Peter, & K. van Bronswijk (Eds.), *Climate Action – Psychologie der Klimakrise* (pp. 45–64). Psychosozial-Verlag.

Hamann, K., Baumann, A., & Löschinger, D. (2016). *Psychologie im Umweltschutz. Handbuch zur Förderung nachhaltigen Handelns.* Oekom.

Hannig, S., & Chmielewski, F. (2019). *Ganz viel Wert: Selbstwert aktiv aufbauen und festigen.* Beltz.

Hayes, S. C. (2004). Acceptance and commitment therapy, relational frame theory, and the third wave of behavioral and cognitive therapies. *Behavior Therapy*, *35*(4), 639–665.

Hayes, S. C. (2019). *A liberated mind*. Penguin/Avery.
Hayes, S. C., Strosahl, K. D., & Wilson, K. D. (1999). *Acceptance and commitment therapy: An experiential approach to behavior change*. Guilford Press.
Heidenreich, T., Michalak, J., & Eifert, G. (2007). Balance von Veränderung und achtsamer Akzeptanz: Die dritte Welle der Verhaltenstherapie. *PPmP – Psychotherapie · Psychosomatik · Medizinische Psychologie, 57*(12), 475–486.
Hickel, J. (2020). Quantifying national responsibility for climate breakdown: an equality-based attribution approach for carbon dioxide emissions in excess of the planetary boundary. In *Articles Lancet Planet Health* (Vol. 4). www.thelancet.com/
Hickman, C., Marks, E., Pihkala, P., Clayton, S., Lewandowski, R. E., Mayall, E. E., Wray, B., Mellor, C., & Van Susteren, L. (2021). Young people's voices on climate anxiety, government betrayal and moral injury: a global phenomenon. *The Lancet Planetary Health, 5*(12), 863–873.
Horton, R. (2016). Offline: Planetary health—gains and challenges. *The Lancet, 388*(10059), 2462.
Ingle, H. E., & Mikulewicz, M. (2020). Mental health and climate change: tackling invisible injustice. *The Lancet Planetary Health, 4*(4), 128–130.
Jacob, G. (2021). *Auf der Gefühlsebene: Emotionsfokussierte Techniken effektiv und zielorientiert einsetzen*. Beltz.
Jänicke, W. (2006). Das Werte- und Entwicklungsquadrat. In S. Fliegel & A. Kämmerer (Eds.), *Psychotherapeutische Schätze* (pp. 208–209). dgvt-Verlag.
Jonas, E., Mcgregor, I., Klackl, J., Agroskin, D., Fritsche, I., Holbrook, C., Nash, K., & Proulx, T. (2014). Threat and defense: From anxiety to approach. In *Advances in Experimental Social Psychology* (Vol. 49, pp. 219–286).
Joseph, S. (2011). *What doesn't kill us: The new psychology of posttraumatic growth*. Piatkus Little Brown.
Kasser, T., & Sheldon, K. M. (2000). Of Wealth and Death: Materialism, Mortality Salience, and Consumption Behavior. *Psychological Science, 11*(4), 348–351.
Kattermann, V. (2022). Klimakrise und trotzdem Hoffnung? In K. van Bronswijk & C. M. Hausmann (Eds.), *Climate Emotions* (pp. 281–298). Psychosozial-Verlag.
Klar, M. (2020). *Die 10 Säulen der Selbstfürsorge*. Psychologists for Future e.V.
Klar, M., & Kasser, T. (2009). Some Benefits of Being an Activist: Measuring Activism and Its Role in Psychological Well-Being. *Political Psychology, 30*(5), 755–777.
Kleres, J., & Wettergren, Å. (2017). Fear, hope, anger, and guilt in climate activism. *Social Movement Studies, 16*(5), 507–519.
Klingen, N., & Schiebler, P. (2021). ACTion fürs Klima. In L. Dohm, F. Peter, & K. van Bronswijk (Eds.), *Climate Action – Psychologie der Klimakrise* (pp. 299–322). Psychosozial-Verlag.
Kovan, J. T., & Dirkx, J. M. (2003). »Being Called Awake«: The Role Of Transformative Learning In The Lives Of Environmental Activists. *Adult Education Quarterly, 53*(2), 99–118.
Kowarowsky, G., & von Puttkamer, C. (2018). *Impact-Techniken* (Beltz Therapiekarten). Verlagsgruppe Beltz.
Krimmer, M. (2022). Bio-psycho-soziales-Umwelt-Modell der Psychischen Gesundheit. In K. van Bronswijk & C. M. Hausmann (Eds.), *Climate Emotions* (pp. 31–42). Psychosozial-Verlag.
Kunzler, A. M., Gilan, D. A., Kalisch, R., Tüscher, O., & Lieb, K. (2018). Aktuelle Konzepte der Resilienzforschung. *Der Nervenarzt, 89*(7), 747–753.
Lammers, C.-H., & Lammers, M. (2007). *Emotionsbezogene Psychotherapie: Grundlagen, Strategien und Techniken*. Schattauer.
Lammers, M. (2020). *Scham und Schuld–Behandlungsmodule für den Therapiealltag*. Klett-Cotta.
Landmann, H., & Rohmann, A. (2020). Being moved by protest: Collective efficacy beliefs and injustice appraisals enhance collective action intentions for forest protection via positive and negative emotions. *Journal of Environmental Psychology, 71*.
Larsson, A., Hooper, N., Osborne, L. A., Bennett, P., & McHugh, L. (2016). Using Brief Cognitive Restructuring and Cognitive Defusion Techniques to Cope With Negative Thoughts. *Behavior Modification, 40*(3), 452–482.

Lazarus, R. S. (1991). *Emotion and Adaptation*. Oxford University Press.
Lepore, S. J., & Revenson, T. (2006). Resilience and Posttraumatic Growth: Recovery, Resistance, and Reconfiguration. In Calhoun & Tedeschi (Eds.), *Handbook of Posttraumatic Growth: Research and Practice* (pp. 24–46). Lawrence Erlbaum Associates.
Lertzman, R. (2015). *Environmental Melancholia*. Routledge.
Linehan, M. M. (1993). *Cognitive-behavioral treatment of borderline personality disorder*. Guilford Press.
Luthmann, T. (2018). *Politisch aktiv sein und bleiben: Handbuch Nachhaltiger Aktivismus*. Unrast Verlag.
Lynas, M., Houlton, B. Z., & Perry, S. (2021). Greater than 99% consensus on human caused climate change in the peer-reviewed scientific literature. In *Environmental Research Letters* (Vol. 16, Issue 11). IOP Publishing Ltd.
Macha, K., & Adelmann, G. (2022). Activist Burnout. In K. van Bronswijk & C. M. Hausmann (Eds.), *Climate Emotions – Klimakrise und psychische Gesundheit* (pp. 185–207). Psychosozial-Verlag.
Mackay, C. M. L., & Schmitt, M. T. (2019). Do people who feel connected to nature do more to protect it? A meta-analysis. *Journal of Environmental Psychology*, 65.
Maercker, A. (1998). *Posttraumatische Belastungsstörungen: Psychologie der Extrembelastungsfolgen bei Opfern politischer Gewalt*. Pabst.
Maier, S. F., & Seligman, M. E. P. (2016). Learned helplessness at fifty: Insights from neuroscience. *Psychological Review*, 123(4), 349–367.
Majeed, H., & Lee, J. (2017). The impact of climate change on youth depression and mental health. *The Lancet Planetary Health*, 1(3).
Malzer-Gertz, M., Gloger, C., Martin, C., & Luger-Schreiner, H. (2020). *Therapie-Tools Selbstmitgefühl*. Beltz Verlag.
Marczak, M., & Winkowska, M. (2021). »It's like getting a diagnosis of terminal cancer.« An Exploratory Study of the Emotional Landscape of Climate Change Concern in Norway. *Research Square*.
Markowitz, E. M., & Shariff, A. F. (2012). Climate change and moral judgement. In *Nature Climate Change* (Vol. 2, Issue 4, pp. 243–247).
Maslach, C., & Gomes, M. E. (2006). Overcoming Burnout. In *Working for Peace: A Handbook of Practical Psychology and Other Tools* (pp. 43–49). Impact Publishers, Inc.
McLennan, M. (2021). *The Global Risks Report 2021 16th Edition*. World Economic Forum.
Menzel, C. (2022). Naturerfahrungen. In K. van Bronswijk & C. M. Hausmann (Eds.), *Climate Emotions: Klimakrise und psychische Gesundheit* (pp. 257–280). Psychosozial-Verlag.
Miles-Novelo, A., & Anderson, C. A. (2019). Climate Change and Psychology: Effects of Rapid Global Warming on Violence and Aggression. *Current Climate Change Reports*, 5(1), 36–46.
Niessen, P., Peter, F., & Kantrowitsch, V. (2021). Klimaresilienz aufbauen. Ein Vier-Felder-Schema zur Entwicklung praktischer Handlungsoptionen in der Klimakrise. *Report Psychologie*, 46, 34–38.
Nikendei, C. (2020). Climate, psyche and psychotherapy: Cognitive, psychodynamic and psychotraumatological considerations on the global crisis. *Psychotherapeut*, 65(1), 3–13.
Nikendei, C. (2022). Traumafolgestörungen und psychische Belastungen im Rahmen von Naturkatastrophen und Veränderungen unseres Lebensraumes. In K. Van Bronswijk & C. Hausmann (Eds.), *Climate Emotions: Klimakrise und psychische Gesundheit* (Vol. 1, pp. 43–66). Psychosozial-Verlag.
Nissen-Lie, H. A., Orlinsky, D. E., & Rønnestad, M. H. (2021). The emotionally burdened psychotherapist: Personal and situational risk factors. *Professional Psychology: Research and Practice*, 52(5), 429–438.
Norgaard, K. M. (2011). Climate denial: Emotion, psychology, culture, and political economy. In *Oxford handbook on climate change and society* (Vol. 18, pp. 399–413). Oxford University Press.
Obradovich, N., Migliorini, R., Paulus, M. P., & Rahwan, I. (2018). Empirical evidence of mental health risks posed by climate change. *Proceedings of the National Academy of Sciences*, 115(43).

Ogunbode, C. A., Pallesen, S., Böhm, G., Doran, R., Bhullar, N., Aquino, S., Marot, T., Schermer, J. A., Wlodarczyk, A., Lu, S., Jiang, F., Salmela-Aro, K., Hanss, D., Maran, D. A., Ardi, R., Chegeni, R., Tahir, H., Ghanbarian, E., Park, J., … Lomas, M. J. (2021). Negative emotions about climate change are related to insomnia symptoms and mental health: Cross-sectional evidence from 25 countries. *Current Psychology*, 42, 845–854.

Ojala, M. (2012). Hope and climate change: the importance of hope for environmental engagement among young people. *Environmental Education Research*, 18(5), 625–642.

Ojala, M. (2017). Hope and anticipation in education for a sustainable future. *Futures*, 94, 76–84.

Padhy, S., Sarkar, S., Panigrahi, M., & Paul, S. (2015). Mental health effects of climate change. *Indian Journal of Occupational and Environmental Medicine*, 19(1).

Page, L. A., Hajat, S., Kovats, R. S., & Howard, L. M. (2012). Temperature-related deaths in people with psychosis, dementia and substance misuse. *British Journal of Psychiatry*, 200(6), 485–490.

Palinkas, L. A., & Wong, M. (2020). Global climate change and mental health. *Current Opinion in Psychology*, 32, 12–16. https://doi.org/10.1016/j.copsyc.2019.06.023

Park, A., Williams, E., & Zurba, M. (2020). Understanding hope and what it means for the future of conservation. *Biological Conservation*, 244.

Peter, F., & Niessen, P. (2022). Resilienz als Konzept für die Klimakrise. In K. van Bronswijk & C. M. Hausmann (Eds.), *Climate Emotions: Klimakrise und psychische Gesundheit* (pp. 229–255). Psychosozial-Verlag.

Pihkala, P. (2019). *Climate Anxiety. Suomen mielenterveysseura*, Helsinki.

Pihkala P. (2020). Eco-Anxiety and Environmental Education. *Sustainability*, 12(23).

Pörtner, H. O., Roberts, D. C., Poloczanska, E. S., Mintenbeck, K., Tignor, M., Alegría, A., Craig, M., Langsdorf, S., Löschke, S., Möller, V., & Okem, A. (2022). IPCC, 2022: summary for policymakers. In *Climate change 2022: Impacts, adaptation, and vulnerability: contribution of working group II to the sixth assessment report of the intergovernmental panel on climate change* (pp. 3–33). Cambridge University Press.

Potreck-Rose, F., & Jacob, G. (2003). *Selbstzuwendung Selbstakzeptanz Selbstvertrauen.* Klett-Cotta.

Poulson, B. (2018, December 16). *On Mourning Climate Change. The psychological crisis that accompanies our changing climate.* Psychology Today. https://www.psychologytoday.com/us/blog/reality-play/201812/mourning-climate-change

Powell, J. (2017). Scientists Reach 100% Consensus on Anthropogenic Global Warming. *Bulletin of Science, Technology & Society*, 37(4), 183–184.

Randall, R. (2009). Loss and Climate Change: The Cost of Parallel Narratives. *Ecopsychology*, 1(3), 118–129.

Reese, G., & Jacob, L. (2015). Principles of environmental justice and pro-environmental action: A two-step process model of moral anger and responsibility to act. *Environmental Science & Policy*, 51, 88–94.

Reser, J. P., Bradley, G. L., & Ellul, M. C. (2012). Coping with climate change: Bringing psychological adaptation in from the cold. In B. Molinelli & V. Grimaldo (Eds.), *Psychology of coping: New research.* Nova Science Publishers.

Resilienzforschung, L. L.-I. für. (n.d.). *Mainzer Resilienz Projekt (MARP).* lir-mainz.de/mainzer-resilienz-projekt-marp

Reyes, M. E. S., Carmen, B. P. B., Luminarias, M. E. P., Mangulabnan, S. A. N. B., & Ogunbode, C. A. (2021). An investigation into the relationship between climate change anxiety and mental health among Gen Z Filipinos. *Current Psychology*, 1–9.

Ritchie, H., Roser, M., & Rosado, P. (2020). CO_2 and Greenhouse Gas Emissions. OurWorldInData.Org.

Rogelj, J., den Elzen, M., Höhne, N., Fransen, T., Fekete, H., Winkler, H., Schaeffer, R., Sha, F., Riahi, K., & Meinshausen, M. (2016). Paris Agreement climate proposals need a boost to keep warming well below 2 °C. *Nature*, 534(7609), 631–639.

Running, S. W. (2007). The 5 Stages of Climate Grief. *Numerical Terradynamic Simulation Group Publications*, 173.

Scherer, M., & Berghold, J. (2022). *Klimakrise und Gesundheit: Zu den Risiken einer menschengemachten Dynamik für Leib und Seele* (H. Hierdeis, Ed.). Vandenhoeck & Ruprecht.

Schneider-Mayerson, M., & Leong, K. L. (2020). Eco-reproductive concerns in the age of climate change. *Climatic Change, 163*(2), 1007–1023.

Schulz von Thun, F. (1989). *Miteinander reden 2. Stile, Werte und Persönlichkeitsentwicklung* (1st ed.).

Schwaab, L., Gebhardt, N., Friederich, H.-C., & Nikendei, C. (2022). Climate Change Related Depression, Anxiety and Stress Symptoms Perceived by Medical Students. *International Journal of Environmental Research and Public Health, 19*(15).

Schwartz, S. E. O., Benoit, L., Clayton, S., Parnes, M. F., Swenson, L., & Lowe, S. R. (2022). Climate change anxiety and mental health: Environmental activism as buffer. *Current Psychology*.

Seaman, E. B. (2016). *Climate change on the therapist's couch: how mental health clinicians receive and respond to indirect psychological impacts of climate change in the therapeutic setting.* Smith College School for Social Work.

Searle, K., & Gow, K. (2010). Do concerns about climate change lead to distress? *International Journal of Climate Change Strategies and Management, 2*(4), 362–379.

Seligman, M. E., & Maier, S. F. (1967). Failure to escape traumatic shock. *Journal of Experimental Psychology, 74*(1), 1–9.

Sharot, T. (2012). The Optimism Bias: Why We're Wired to Look on the Bright Side. In *The Psychiatrist* (Issue 11). Constable & Robinson.

Sheldon, K. M., & Kasser, T. (2008). Psychological threat and extrinsic goal striving. *Motivation and Emotion, 32*(1), 37–45.

Sisco, M., Constantino, S., Gao, Y., Tavoni, M., Cooperman, A., Bosetti, V., & Weber, E. (2020). A Finite Pool of Worry or a Finite Pool of Attention? Evidence and Qualifications. *Unpublished manuscript*, 387–410

Smout, M. F., Simpson, S. G., Stacey, F., & Reid, C. (2022). The influence of maladaptive coping modes, resilience, and job demands on emotional exhaustion in psychologists. *Clinical Psychology & Psychotherapy, 29*(1), 260–273.

Solomon, S., Greenberg, J., & Pyszczynski, T. (1991). A Terror Management Theory of Social Behavior: The Psychological Functions of Self-Esteem and Cultural Worldviews. In M. P. Zanna (Ed.), *Advances in Experimental Social Psychology* (Vol. 24, pp. 93–159). Academic Press.

Spratt, D., & Dunlop, I. (2019). *Existential climate-related security risk: A scenario approach.* Breakthrough – National Centre for Climate Restoration.

Stanley, S. K., Hogg, T. L., Leviston, Z., & Walker, I. (2021). From anger to action: Differential impacts of eco-anxiety, eco-depression, and eco-anger on climate action and wellbeing. *The Journal of Climate Change and Health, 1*.

Steinhardt, M., & Dolbier, C. (2008). Evaluation of a Resilience Intervention to Enhance Coping Strategies and Protective Factors and Decrease Symptomatology. *Journal of American College Health, 56*(4), 445–453.

Stengel, O. (2011). Suffizienz – Die Konsumgesellschaft in der ökologischen Krise. In U. E. G. Wuppertal Institut für Klima (Ed.), *Wuppertaler Schriften zur Forschung für eine nachhaltige Entwicklung* (Vol. 1). oekom Verlag.

Stoll-Kleemann, S., Nicolai, S., & Franikowski, P. (2022). Exploring the Moral Challenges of Confronting High-Carbon-Emitting Behavior: The Role of Emotions and Media Coverage. *Sustainability, 14*(10).

Stoll-Kleemann, S., O'Riordan, T., & Jaeger, C. C. (2001). The psychology of denial concerning climate mitigation measures: evidence from Swiss focus groups. *Global Environmental Change, 11*(2), 107–117.

Tangney, J. P., Stuewig, J., & Mashek, D. J. (2007). Moral Emotions and Moral Behavior. *Annual Review of Psychology, 58*(1), 345–372.

Tedeschi, R. G., & Calhoun, L. G. (1996). The Posttraumatic Growth Inventory: Measuring the positive legacy of trauma. *Journal of Traumatic Stress, 9*(3), 455–471.

Tedeschi, R. G., & Calhoun, L. G. (2004). Posttraumatic Growth: Conceptual Foundations and Empirical Evidence. *Psychological Inquiry, 15*(1), 1–18.

Teismann, T., & Markgraf, J. (2018). *Exposition und Konfrontation*. Hogrefe Verlag.
Thünker, J. (2022). Was bedeutet die Klimakrise für die psychotherapeutische Bedarfsplanung? In K. van Bronswijk & C. M. Hausmann (Eds.), *Climate Emotions* (pp. 389–406). Psychosozial-Verlag.
Truelove, H. B., Carrico, A. R., Weber, E. U., Raimi, K. T., & Vandenbergh, M. P. (2014). Positive and negative spillover of pro-environmental behavior: An integrative review and theoretical framework. *Global Environmental Change, 29*, 127–138.
Uhl, I., Klackl, J., Hansen, N., & Jonas, E. (2018). Undesirable effects of threatening climate change information: A cross-cultural study. *Group Processes and Intergroup Relations, 21*(3), 513–529.
van Valkengoed, A. M., & Steg, L. (2019). Meta-analyses of factors motivating climate change adaptation behaviour. *Nature Climate Change, 9*(2), 158–163.
Verplanken, B., Marks, E., & Dobromir, A. I. (2020). On the nature of eco-anxiety: How constructive or unconstructive is habitual worry about global warming? *Journal of Environmental Psychology, 72*.
Verplanken, B., & Roy, D. (2013). »My Worries Are Rational, Climate Change Is Not«: Habitual Ecological Worrying Is an Adaptive Response. *PLoS ONE, 8*(9).
Vins, H., Bell, J., Saha, S., & Hess, J. (2015). The Mental Health Outcomes of Drought: A Systematic Review and Causal Process Diagram. *International Journal of Environmental Research and Public Health, 12*(10), 13251–13275.
Vodafone Institut für Gesellschaft und Kommunikation GmbH. (2021). *Global Future Pulse: Sustainability*.
Walinski, A., Sander, J., Gerlinger, G., Clemens, V., Meyer-Lindenberg, A., & Heinz, A. (2023). The effects of climate change on mental health. *Deutsches Ärzteblatt International*.
Watts, N., Amann, M., Arnell, N., Ayeb-Karlsson, S., Belesova, K., Boykoff, M., Byass, P., Cai, W., Campbell-Lendrum, D., Capstick, S., Chambers, J., Dalin, C., Daly, M., Dasandi, N., Davies, M., Drummond, P., Dubrow, R., Ebi, K. L., Eckelman, M., … Montgomery, H. (2019). The 2019 report of The Lancet Countdown on health and climate change: ensuring that the health of a child born today is not defined by a changing climate. *The Lancet, 394*.
Weber, E. (1997). Perception and expectation of climate change: Precondition for economic and technological adaptation. In *Psychological Perspectives to Environmental and Ethical Issues in Management* (pp. 314–341).
Weber, E. U. (2006). Experience-Based and Description-Based Perceptions of Long-Term Risk: Why Global Warming does not Scare us (Yet). *Climatic Change, 77*(1), 103–120.
Weinrich, A. (2019). *Beweggründe und Einflussfaktoren für Engagement im Umweltschutz* [Bachelorarbeit]. Philipps Universität Marburg.
Whitmarsh, L., Player, L., Jiongco, A., James, M., Williams, M., Marks, E., & Kennedy-Williams, P. (2022). Climate anxiety: What predicts it and how is it related to climate action? *Journal of Environmental Psychology, 83*.
Wilken, B. (2019). *Methoden der Kognitiven Umstrukturierung. Ein Leitfaden für die psychotherapeutische Praxis*. (8th ed.). W. Kohlhammer.
Wuebbles, D. J., Fahey, D. W., Hibbard, K. A., Deangelo, B., Doherty, S., Hayhoe, K., Horton, R., Kossin, J. P., Taylor, P. C., Waple, A. M., Fahey, D. J. W., Dokken, D. J., Stewart, B. C., & Maycock, T. K. (2017). *Executive Summary of the Climate Science Special Report: Fourth National Climate Assessment, Volume I*.
Wullenkord, M. C., Tröger, J., Hamann, K. R. S., Loy, L. S., & Reese, G. (2021). Anxiety and climate change: a validation of the Climate Anxiety Scale in a German-speaking quota sample and an investigation of psychological correlates. *Climatic Change, 168*.
Wullenkord, M., & Ojala, M. (2023). *Climate-Change Worry among Two Cohorts of Late Adolescents: Exploring Macro and Micro Worries, Coping, and Relations to Climate Engagement and Well-Being* [Manuscript currently under peer-review]. Environmental Psychology Research Group, Lund University.
Yalom, I. D., & Leszcz, M. (2005). *The Theory and Practice of Group Psychotherapy* (5th ed.). Basic Books.
Young, J. E., Klosko, J. S., & Weishaar, M. E. (2008). *Schematherapie. Ein praxisorientiertes Handbuch*. (2.). Junfermann.

Zhao, J., & Luo, Y. (2021). A framework to address cognitive biases of climate change. *Neuron*, *109*(22), 3548–3551.

Zoellner, T., & Maercker, A. (2006). Posttraumatic growth in clinical psychology — A critical review and introduction of a two component model. *Clinical Psychology Review*, *26*(5), 626–653.

Stichwortverzeichnis

A

Abwehrmechanismen   24, 101
Achtsamkeit   82, 89
Achtsamkeitsübungen   94, 128
Activist Burnout   30, 31, 111, 114, 117, 131
Adaption   65, 69
– adaptive Reaktion   44, 56
Aktivismus   19, 30, 114
Akzeptanz   34, 82, 89
Akzeptanz- und Commitment-Therapie   82, 107, 109
Annäherungs- und Vermeidungsziele   120
Aufmerksamkeitskapazität, begrenzte   22

B

Balance   98, 114
Bedrohung   20, 49, 56
– existenzielle   23, 42
Begleiterin, wohlwollende   111
Behandlungswürdigkeit   59
Berufsordnung   60
Bewältigung   34
– kollektive   55
Bezugsrahmen   53
Blame shifting   29

D

Dankbarkeit   71, 114
Defusion   107
Diagnose   59
Disputation, kognitive   105
Dissonanz, kognitive   27
Dürren   39

E

Ebene, individuelle   21, 55
Eco-Emotionen   44
Ehrenamt
– ehrenamtliche Gruppen   116
– ehrenamtliche Organisationen   115
emotionale Aktivierung   89, 91
emotionale Schemata   32, 89
Emotionen, primäre und sekundäre   33, 34
Engagement   78, 106
Erstarren   28, 34
Exposition   105

F

Flucht   26, 34
Flutkatastrophen   39
Folgen der Klimakrise   40
Fußabdruck   119

G

Gedanken
– dysfunktionale   103
– Gedanken singen   109
Gefühlen Raum geben   90
Gemeinschaft   121, 128
gemeinschaftliche Betroffenheit   52, 79
gesellschaftliche Veränderungen   70
Grübeln   108

H

Handabdruck   119
Handlungen   118, 128
– individuelle   128
– kollektive   128
Handlungsfähigkeit   71, 77
Hedonismus   27
Hilflosigkeit   23, 28
– erlernte   28
Hitze   39
Hoffnung   71, 131
Hothouse Earth   17

I

Imaginationsübung 109
Impact-Übung 115
Interdependenz 126

K

Kampf 29, 34, 98
Kipppunkte 69
Klimaaktivismus 131
Klimaengagement 105
Klimagefühle 44, 52, 56
– Angst 41, 44
– Hoffnung 49
– Scham 48
– Schuld 48
– Trauer 47
– Wut 46
Klimaresilienz 65
– ganzheitlich und systemisch 69
– klimaresilienter Pfad 72, 83
Klimaschutz 78, 118
– klimaschützendes Verhalten 122
klinische Relevanz 38
Kohärenz 66
Konflikt, innerer 98
Konfrontation 105
Krise als Chance 73, 121

M

Migration 40
Motivation 104

N

Naturerfahrungen 126
Naturkatastrophen 39
Naturschutz 127
Naturverbundenheit 126

O

Ohnmacht 23, 28
Optimism Bias 22, 26

P

Perspektive, systemische 62
Planetary Health 61, 79
politische und gesellschaftliche Schritte 118

Posttraumatische Reifung 67, 68
Posttraumatisches Wachstums 67
Prätraumatisches Belastungs-Syndrom 50
Problembewusstsein 131
Prozesse, kollektive 61
psychoedukativ 32, 105, 114
Psychologists/Psychotherapists for Future 5, 18, 115
Psychotherapie, existenzielle 101, 105

R

Regeneration 66
Rekonfiguration 66, 67
Resignation 28, 98, 99
Resilienz 65
– transformative 70
Resilienzfaktoren 19, 67, 70
Resilienzforschung 65
Resilienzmechanismen, übergeordnete 66
Resistenz 66
Ressourcen 71, 114

S

Salutogenese-Modell 66
Schematherapie 89
Schutzfaktoren 71
Selbsterfahrungsfragen 34, 56, 59, 74, 88, 91, 107, 121, 127
Selbstfürsorge 114, 115, 131
Selbstmitgefühl 110
Selbstwert 110
Selbstwirksamkeit 21, 73, 128, 132
Selbstwirksamkeitserwartung 70, 120, 131
Single Action Bias 27
Sinnhaftigkeitserleben 73
Skalierung 106
Solastalgie 50
Sorgen 108, 115
Störungsmodell, ganzheitliches 61
Stuhldialog 92, 98, 111
Suffizienz 121

T

Terror Management Theorie 29, 30
Therapie, emotionsfokussierte 89
Transformation 65, 68, 70, 121
– systemische 69
Treibhausgase 17, 21

U

Überlegungen
- berufsethische 60
- diagnostische 58

übermäßige gedankliche Beschäftigung 106

Unsicherheit 72

Unterschätzung der Gefahren 78

V

Veränderungen
- systemische 73
- werteorientierte 82

Verantwortung 71, 128, 131

Verbindungen 71, 73

Verbundenheit 121

Verhaltensänderungen 118
- kollektive 118

Vermeidung 26, 55, 83, 105

W

Werte- und Entwicklungsquadrat 122

Werteorientierung 121
- materielle 23

Wertevorstellungen 73